두 아이 의대
보낸
엄마의 비법

두 아이 의대 보낸 엄마의 비법

임선경

싸유정원

시작하며

봄기운이 살며시 스며들던 어느 3월,
한 통의 전화가 걸려왔다.
"혹시 책 한 번 써보시겠어요?"
처음엔 웃으며 고개를 저었다.
글 솜씨가 어떤지 내가 제일 잘 아니까!
그런데 그 즈음, 낯선 감정이 자꾸만 찾아왔다.
"빈 둥지 증후군" 이었다.
아이 둘이 모두 성인이 되어 떠난 집은 조용했지만,
내 마음은 웅성거렸다.
그 고요 속의 혼란을 가장 먼저 알아챈 건 아이들이었다.
"엄마, 우리가 도와줄게요. 같이 해봐요."
그 한마디가 나를 다시 움직이게 했다.
이성이 따라오지 못할 만큼 감정이 앞선 시작이었다.
얼마 전, 유튜브에서 양소영 변호사가 자녀 교육의 어려움에 대해
이야기하는 장면을 보았다.
그 모습을 보며 고개를 끄덕거리게 되었다.
그 힘든 걸, 해냈다는 마음
이 조그마한 소도시에서,

내세울 것 없는 학벌과 평범한 직장에 몸담은 채
24년 가까이 오직 아이들의 미래만을 바라보며 달려왔다.
그 결과, 첫째는 서울 가톨릭 의대에
둘째는 아주대 의대에 진학했다.
나 스스로에게 장한 어머니상을 건넨다.
뻔뻔함의 발로인가?
아니다. 이건 바닥까지 내려갔다가
다시 올라오려는 치열한 생존의 의지였다.
이 글을 쓰며 나는 오랫동안 껴안고 있었던 나의 큰 병,
'우울증'의 뿌리를 처음으로 바라보게 되었다.
24년간 이어진 불안과 긴장은
내 교감신경계를 무너뜨리기에 충분했다.

나는 아직도 완전히 벗어나지 못했다.
50대, 여기저기 아프고, 건강염려증과 불안장애도 여전하다
아이들의 의대 신학이 마법처럼 모든 상처를 치유해주진 않았다.
하지만 이제 나는 알고 있다.
이 모든 시간이, 결국 나를 단단하게 만든 시간이었다는 것.
그래서 요즘은 천천히 살아보려 한다.
마음을 내려놓고, 나를 돌아보는 연습을 한다.
어쩌면 지금이
진짜 나의 삶이 시작되는 순간인지도 모르겠다.

마지막으로,
이 책의 공동 저자가 되어준 아이들,
늘 곁에서 묵묵히 버팀목이 되어준 남편,
그리고 이 책이 세상에 나올 수 있도록 도와주신 모든 분들께
진심을 다해 감사드린다.

목 차

PART 1. 내 아이를 알게 되기까지

1. 느려도 깊은 아이, 느림의 미학 — 12
2. 엄마의 눈물, 아이의 침묵 — 17
3. "어머니, 자폐 검사를 받아보세요" — 20
4. "그냥, 저희 아이 포기해 주세요!" — 26
5. 극과 극을 넘나드는 아이, 엄마의 현실적 선택 — 32

비법 전수. 과목별 엄마표 전략 — 36

PART 2. 엄마의 시간, 나의 시간

1. 수간호사와 엄마 사이에서 길을 잃다 — 38
2. 유산 다음날, 나는 다시 출근했다 — 39
3. 책으로만 배운 육아의 한계 — 41
4. 아프고 나서야 보이기 시작한 것들 — 44
5. 엄마표 육아 원칙 4조 — 46
6. 꾸준함의 힘, 시간의 누적 — 49

비법 전수. 의대생 남매의 집중 인터뷰 — 52

PART 3. 발톱 숨긴 타이거 맘의 조력

1. 미대 진학 선언의 진실   62
2. 구글 회사원이 되고 싶어요   69
3. 누나도 하는데, 내가 못할 건 없지   73
4. 의대가 꼭 답은 아닐 수도 있어   76
5. 조용한 동행, 아이들의 아빠   79

비법 전수. 사교육과 엄마표 어떻게 조화시킬까?   85

PART 4. 공부는 시스템으로 사랑은 철학으로

1. 영어 못하는 엄마와 원서 읽는 아이들   90
2. 수학은 시스템-반복, 오답, 심화 그리고 밀도   99
3. 빨간 배낭과 국어 점수의 비밀   106
4. 과학은 흥미로, 그리고 전략으로   109
5. 아이에 따른 공부법   112

비법 전수. 학년별 공부 설계도   116

PART 5. 입시 한복판, 나는 조용히 곁을 지켰다.

1. 자사고, 네가 감당할 수 있어?   126
2. 구멍 난 내신, 충격의 과외 요청   133
3. 고교 생기부도, 면접도 '꼬꼬무'다   137
4. "나를 우리에 가두고 사육해?"   143
5. 수능 날, 초콜릿과 손편지   152

비법 전수. 의대생 누나의 고등 공부 비법   158

PART 6. 열아홉, 선택의 문 앞에서 – '이 또한 지나가리라'

1. 킬러문항이 던진 혼돈   162
2. 수시, 선택의 무게 앞에서   166
3. 혼돈의 추석, 면접에 올인하다   170
4. 서울대 의대 1차 합격과 다시, 무너짐 앞에서   172
5. 재수의 기록 – 고통과 희망 사이에서   180

비법 전수. 의대생 오빠의 고등 공부 비법   190

PART 1
내 아이를 알게 되기까지

1. 느려도 깊은 아이, 느림의 미학

색으로 표현하자면, 큰 아이는 노란색이었다.
햇볕에 물든 듯 따뜻하고,
옆에 있으면 이상하게 마음이 느긋해지는 색.
아이는 감정 기복이 크지 않았고,
혼자만의 상상 속 세계에 오래 머무르곤 했다.
새로운 것을 접할 땐 항상 조심스러웠고,
행동이 느리고 신중했다.
하지만 세상은 이런 아이를
종종 '느린 아이, 딴 짓을 많이 하는 아이'라고 불렀다.
그러나 나는 믿었다.
느림 속에는 깊음이 있다는 것을,
그래서 나는 그 아이의 리듬에 맞는 육아를 했다.
딴 짓을 해도 방해하지 않았고,
아이의 느림을 충분히 기다려줬다.
문제는 유치원과 초등학교라는 외부 환경이었다.
우리 아이는 12월생이다.
같은 학년 친구들 중 가장 늦게 태어난 아이였고,
그래서인지 신체적 발달이나 언어 표현에서도

상대적으로 느려 보였다.
하지만 나는 그게 단지 출발선의 차이일 뿐,
능력의 차이라고는 생각하지 않았다.
문제는 그 출발선 차이를 인정하고 기다려줄 여유가
유치원이나 학교에는 없었다는 점이다.
담임 선생님들과의 상담은 늘 고통스러웠다.
내가 보기엔 아이의 성장이나 발달이 늦지 않았는데,
선생님들의 시선에서는 언제나 '뒤처진 아이'였다.
인지력도, 몰입력도 충분한 아이였는데
단체 수업을 어렵게 만든다는 이유만으로
'느린 아이'로 낙인찍혔다.

기억 저편의 작은 상처들

어느 날 아이가 조심스럽게 이야기를 꺼냈다.
"엄마, 기억나? 유치원 다닐 때 갯벌 체험 갔던 거.
선생님이 '갯벌로 들어가지 말고 한길로 가라'고 했는데,
딴 길로 갔다가 선생님한테 등을 맞았어."
몇 년이 지난 후에야 아이의 입에서 나온 말이었다.
그리고 아이는 또 하나의 기억을 꺼냈다.
"1학년 때… 미술학원 다닐 때 기억나?
내가 문방구 앞에 있는 오락기에 빠져서 학원 버스를
놓쳤잖아. 그 일 때문에 선생님한테 손바닥을 맞았어.
그때 진짜 무서웠어!"

순간, 머리를 망치로 맞은 듯 아찔했다.
나는 그때 왜 아무것도 몰랐을까?
아니, 아이는 왜 그때 나에게 말하지 않았을까?
"왜 그때 바로 말 안 했어?"
나는 떨리는 목소리로 물었다.
"엄마한테 혼날까 봐… 그게 더 무서웠어."
아이의 대답은 그렇게 돌아왔다.
그 말을 듣는 순간, 말문이 막혔다.
묵직한 죄책감이 마음을 짓눌렀다.
정서적으로 지지해줘야 할 엄마인 내가
아이에게 그런 불안을 안겨줬다는 생각에 너무 미안했다.
그제야 나는 깨달았다.
내 아이는 상처를 혼자 감내해버리는 아이였다.
느리다는 이유로, 어울리지 못한다는 이유로
받아서는 안 될 평가와 처벌을 받으면서도,
그걸 엄마에게 말하는 것조차 두려워했던 아이였다.

'가정 학습'이라는 새로운 길

그래서 나는 방향을 바꾸기로 결심했다.
선생님들의 시선과 비교에서 벗어나,
이 아이에게 가장 잘 맞는 방식으로 배움의 길을 함께
걸어가자고 다짐했다.
그렇게 시작된 것이 바로 가정 학습이었다.

하루하루를 아이의 페이스에
맞춰 개념을 설명하고, 문제를 풀고,
실수를 되짚는 시간. 무리하지 않고,
서두르지 않고, 천천히 그러나 깊게.
놀랍게도 나와 함께 학습을 했을 때 아이의 속도는
전혀 느리지 않았다.
오히려 또래 아이들보다 빠른 편이었다.
여러 사정으로 학습을 쉬게 되는 날도 있었지만,
그럴 땐 반드시 보강을 했고, 지칠 땐 스스로에게 되뇌었다.
'딱 초등 3학년까지만 가보자…'
'난 할 수 있다'며 다시 마음을 다잡았다.
'우리 딸은 초등 4학년,
어려운 수학이 시작될 무렵 두각을 드러낼 것이다.
지금 나는 거대한 빙산의 수면 아래를 다지고 있는 중이다.
아이를 믿자. 내 아이를, 그리고 나 자신을!'
그 확신은 가정 학습을 경험하며 얻은 것이었다.
매일의 작은 성취들이 모여,
어느 날 큰 변화가 되어 돌아올 거라는 믿음.
나는 그걸 믿고 버티며, 기다리며, 조금씩 다져갔다.

수면 위로 떠오른 아이의 빛

그리고 진짜로, 초등학교 4학년 무렵부터
아이의 빛은 서서히 수면 위로 드러나기 시작했다.

느림은 결점이 아니다.
오히려 정서적 안정, 깊은 사고력, 그리고 몰입력이라는
놀라운 장점을 지닌 기질이다.
만약 누군가 내게 "아이의 느림이 걱정돼요"라고 말한다면,
나는 단언할 수 있다.
"걱정하지 마세요.
지금 그 아이는, 수면 아래에서 아주 단단하게 자라고 있는 중이에요."
라고 말해주고 싶다.

2. 엄마의 눈물, 아이의 침묵

믿음이 흔들린 순간도 있었다.
초등학교 저학년이던 큰아이는 돌봄의 사각지대에 있었다.
놀이터.
그곳은 아이에겐 즐거움 가득한 세상이었고,
나에겐 불안 그 자체였다.
나는 매일 말했다.
"놀다 와도 좋아.
하지만 엄마 퇴근 전엔 꼭 집에 있어야 해. 알았지?"
아이는 고개를 끄덕였다.
하지만 그 끄덕임은
항상 '엄마를 안심시키는' 고갯짓일 뿐이었다.
퇴근 후의 나는 늘 놀이터를 돌았다.
한 곳만 들르는 날은 없었다.
둘, 셋, 넷... 아이는 동네의 거의 모든 놀이터를 탐험했다.
매일이 미션 같았다.
어떤 날은 핸드폰이 사라졌고,
또 어떤 날은 책가방이 없어졌다.
그날도 그랬다.

책가방을 찾아 동네를 한참 헤맸다.
그러다 무너졌다.
지금껏 나를 지탱하던 모든 것들이
한순간에 와르르 무너져 내렸다.
나는 아이 앞에서 주저앉아 그대로 엉엉 울어버렸다.
주체할 수 없었다.
말로 설명할 수 없는 감정이 그대로 터져 나왔다.
그 순간, 아이는 아무 말도 하지 않았다.
그저 조용히, 멀찌감치 서서 나를 바라볼 뿐이었다.
말도, 손짓도 없이, 그저 가만히……
하지만 그날 이후
아이는 단 두 곳의 놀이터만 오갔다.
그리고 다시는 핸드폰도, 책가방도 잃어버리지 않았다.
그건 약속도 아니었고, 말로 맺은 규칙도 아니었다.
아이는 울고 있는 엄마의 모습을 통해 배운 것이다.

Q. 이때, 의대생 누나 마음은?

워낙 어릴 적 일이라
또렷한 기억은 잘 나지 않는다.
그래도 가끔 떠오르는 장면은 있다.
물건을 잃어버린 일이라든지,

혼났던 순간들.
하지만 그 시절
스스로가 '느리다'는 생각을 하진 않았던 것 같다.
길을 걷다 보면 눈길을 끄는 게 많았고,
별거 아닌 것들도 다 신기하게 느껴졌다.
사실, 지금도 그다지 다르지 않다.
요즘은 스스로가 느리다는 걸 알고 있어서
조금 서두르려 노력할 뿐,
여전히 무언가가 눈에 띄면
한 번쯤은 멈춰서 바라보는 편이다.
급한 일이 아니라면 굳이 서두르지 않는다.
늘어져 있는 걸 좋아하고, 느긋한 흐름이 편하다.
이런 성격은
누군가에겐 답답하게 보일 수도 있겠지만
나는 나름의 장점이 있다고 믿는다.
그 덕분에
평소엔 놓치기 쉬운 것들을 배우기도 했고,
공부할 때도 깊이 몰입하는 데 도움이 되었다고 생각한다.

3. "어머니, 자폐 검사를 받아보세요"

우리 둘째 아이는 색으로 표현하자면 파란색이다.
맑고 단단하며, 때때로 격렬한 파도를 품은 채
스스로의 방향으로 움직이는 색.
아이는 호기심이 많고 경쟁심도 강했으며,
말보다 행동이 앞서는 적극적인 기질을 지녔다.
모든 것에 "내가 할게!"라고 외치던 아이.
세상과 부딪히며 스스로 알아가려는 욕망이 가득한 아이였다.
태어난 날도 특별했다.
큰아이는 12월 25일생, 크리스마스.
둘째 아이는 음력으로 4월 8일, 바로 부처님 오신 날.
모든 엄마들의 로망인 5월생.
그 소망이 현실이 되었을 때,
왠지 모를 운명 같은 감정이 밀려왔다.
3.2kg으로 건강하게 태어난 둘째는,
2.75kg의 저체중으로 태어나 생후 5일 만에 고열로
신생아 중환자실에 입원했던 첫째와 달리,
잔병치레 한 번 없이 씩씩하고 강하게 자랐다.
큰아이의 유아기와 초등 저학년 시절이

감기와 폐렴의 연속이었다면,
둘째는 언제나 튼튼했고, 한 번의 큰 수술을 제외하면
병원과도 거리가 멀었다.
그 수술은 아이가 세 살 무렵이었다.
아파트 현관에서 자동문 버튼을 누르다 넘어졌고,
얼굴에 깊은 상처를 입어
전신마취 수술을 받아야 했던 일이었다.
하지만 그 사건조차 아이의 성장을 크게 흔들지는 못했다.
이 아이는 무서워하기보다, 다시 도전하는 아이였다.

외할머니의 품에서, 규율의 세계로
둘째는 24개월까지 외할머니 댁에서 자랐다.
그 시절, 맞벌이로 숨 돌릴 틈 없던 우리 부부에게
외할머니는 가장 큰 버팀목이었다.
아이는 '무조건 수용'이라는 외할머니의 사랑 속에서 자랐다.
자기주장이 강해졌고, 양보라는 단어는 익숙하지 않았다.
특히 누나에게 지는 건 도저히 참지 못했다.
성향이 전혀 다른 두 아이는 자주 부딪혔다.
누나가 조용히 몰입하는 편이었다면,
동생은 언제나 스스로 앞에 서길 원했다.
아이들은 사소한 일에도 자주 부딪혔고,
맞벌이로 지쳐 있던 나에게는 그 매일이 전쟁 같았다.
외할머니의 품에서 벗어나,

엄마인 나의 '규율과 통제'가 시작되자
아이는 혼란을 느끼기 시작했다.
그 변화는 분명하게 드러났다.
외고집, 반복되는 고집스러운 행동,
그리고 자기 세계에서 좀처럼 빠져나오지 않으려는 모습.

"자폐 검사를 받아보시는 게 어떨까요?"
그러던 어느 날,
아이를 맡긴 가정식 어린이집의 원장님이
조심스럽게 상담을 요청해왔다.
주저하시며 꺼낸 말은 지금도 생생하다.
"다른 아이들과 전혀 어울리지 못해요.
혹시… 자폐 검사를 받아보시는 게 어떨까요?"
그 말을 듣는 순간, 머릿속이 하얘졌다.
믿고 싶지 않았다. 인정하고 싶지도 않았다.
하지만 동시에 불안은 걷잡을 수 없이 커졌다.
그날 이후, 나는 밤마다 관련 서적을 뒤적였다.
아이의 행동 하나하나를 자폐 스펙트럼의 기준에 맞춰
분석하고 되새기고, 인터넷 검색창에 '자폐 초기 증상'을
수십 번이나 입력했다.
자폐의 주요 특징은 세 가지였다.
반복 행동(Repetitive behavior)
의식 절차(Ritual behavior)

집착(Fixation)

다행히 아이에게 반복적인 행동은 보이지 않았다.
하지만 정해진 방식이 흐트러지면 불편해하는 경향,
특정 놀이에 몰입해 자기만의 규칙에 집착하는 태도는
분명 존재했다.
예를 들어 블록을 쌓을 때 특정 색깔이나 높이에 대한 집착이 있었고,
누군가 그 규칙을 건드리면 감정을 강하게 표출했다.
그럼에도 나는 그 모든 징후를 자폐로 단정하고 싶지 않았다.
'혹시, 외할머니의 무조건적 수용 속에서 자란 아이가
이제 막 규율과 제약이라는 낯선 세계를 마주하며
혼란을 겪는 것은 아닐까?'
나는 그 가능성을 놓지 않았다.
그리고 무엇보다, 그 시절은
정신과 진료 자체가 낙인처럼 여겨지던 시기였다.
무언가 문제가 있다는 인식을 '공식화'하는 순간,
아이의 미래에 검은 점 하나가 찍힐 것 같은
두려움도 있었다.
그래서 나는 원장님께 이렇게 말했다.
"아이의 환경이 급격히 바뀌면서 생긴 반응일 수도
있지 않을까요? 조금만 더 지켜보고 싶습니다."
그 말은 단순한 회피가 아니었다.
아이를 있는 그대로 이해하고 싶은
엄마로서의 간절한 저항이었다.

다행히 아이는 그 다음 해 공립유치원에 입학하게 되었고,
그곳에서 정말 좋은 선생님을 만났다.
3월 학부모 상담 시간,
나는 그동안의 이야기를 가감 없이 털어놓았다.
그리고 결국 눈물을 흘리고 말았다.
선생님은 조용히 내 말을 다 듣고, 잠시 말이 없었다.
그러다 조심스럽게, 그러나 단단한 어조로 말씀하셨다.
"그럴 수도 있겠네요.
하지만 꼭 자폐라고 단정할 수는 없을 거예요!"
그 말 한마디는
몇 년 동안 내 안에 쌓여 있던 긴장과 두려움을 녹여주었다.
그 한마디가 나와 아이 사이에 있었던
보이지 않는 벽을 허물었다.
그리고 선생님은 정말 진심으로 우리 아이에게
관심을 가져주셨다.
그 덕분인지, 아이도 점차 안정을 되찾았다.
정해진 규칙 안에서도 조금씩 자신의 생각을 표현하고,
또래와의 상호작용에도 천천히 마음을 열기 시작했다.
유치원 졸업까지 우리 아이는 더 이상 '문제아'가 아닌,
그저 조금 다른 속도로 살아가는 아이로 자리매김할 수 있었다.
그건 분명한 성장이고, 나에겐 작지 않은 기적이었다.
지금 돌아보면,
우리는 그 시절 '판단'보다 '이해'를 선택했기 때문에

버틸 수 있었다.

만약 그때 성급하게 아이의 서투름과 다름에 '이름'을 붙였다면,
지금의 아이는 다른 방식으로 세상과 관계 맺고
있었을지도 모른다.

정확한 진단도 중요하지만, 그 이전에 필요한 것은
있는 그대로 바라보고, 기다려줄 수 있는 어른의 눈이었다.
나는 그걸 유치원 선생님의 말 한마디에서 배웠다.

4. "그냥, 저희 아이 포기해 주세요!"

초등학교 입학 이후,
우리는 다시 전쟁 같은 시간을 맞이하게 되었다.
유치원 시절의 작은 회복을 뒤로한 채,
아이는 또다시 '다름'이라는 이유로 낙인을 감당해야 했다.
1학년부터 3학년 초까지 담임을 맡았던 선생님들은
무리에서 벗어난 아이들을 유독 엄격하게 대하셨다.
우리 아이는 늘 '문제아'처럼 지적받았고,
그 기준은 명확하지도 일관되지도 않았다.
어느 날, 아이가 문득 내게 말했다.
"나는 학급 안에서… 미국 남북전쟁 때의 흑인 노예처럼 취급받아."
그 말 속엔 아이가 수년간 경험한 억울함과 고립감,
설명할 수 없는 상처들이 묻어 있었다.
친한 친구가 복도에서 뛰던 순간,
화장실에서 나오던 우리 아이는 같이 벌을 받았다.
아이는 해명을 시도했지만, 선생님은 듣지 않으셨다.
같은 실수를 해도,
유독 우리 아이만 크게 혼나는 상황이 반복됐다.
나는 알고 있었다.

아이의 말이 과장이나 피해의식이 아니라는 것을.
하지만 선생님의 뜻을 거스르면
오히려 아이가 더 힘들어질까 두려워
그저 묵묵히 참고, 상황을 무마하려 애썼다.
그 모든 인내는 아이를 위한 것이라 믿으며 버텼다.

6학년, 다시 기대한 교실

초등학교 6학년이 되었을 때,
나는 담임 선생님의 첫인상에 작은 기대를 걸었다.
선생님은 상냥했고,
학부모인 나에게 따뜻한 미소를 건네셨다.
상담 자리에서 선생님은 본인의 이야기를 먼저 꺼냈다.
아이들을 좋아해 초등교사가 되었고,
여러 번의 재수 끝에 어렵게 교대에 입학했다는 이야기.
이전엔 학생 수가 적은 농촌 학교에 계셨고,
이번이 처음으로 맡는 30명 규모의 학급이라는 점.
그리고 아이를 갖고 싶은데 쉽지 않아 마음이 힘든 날이
많다는 고백까지 조심스럽게 이어졌다.
나는 속으로 생각했다.
'아직 경력이 많진 않지만, 진심이 느껴진다.
내가 조금만 도와드리면,
아이와도 좋은 관계를 만들 수 있을 거야.'
그러나, 그 믿음은 오래가지 않았다.

감정이 섞인 언어, 무너지는 신뢰

선생님의 말투는 점점 달라졌다.
전화 속 목소리엔 감정이 섞여 있었고,
말의 뉘앙스는 냉정함을 잃기 시작했다.
"무리 속에 잘 섞이지 않네요!"
"왜 이렇게 눈치가 없죠?"
"자꾸 이상한 행동을 해요!"
처음엔 이해하려 했다.
'그래, 우리 아이가 조금 예민하긴 하지!
처음 맡은 큰 학급이라 힘드실 수도 있지!'
선생님이 권유한 심리 상담도 기꺼이 수락했다.
아이도 처음엔 긴장했지만,
상담실에서는 차츰 마음을 열기 시작했다.
6개월 동안 단 한 번도 빠지지 않고 상담에 참여했고,
상담 선생님의 평가도 긍정적이었다.
"사회적응성 심리검사상 정상범위에서 약간 벗어나지만,
이 정도면 아주 흔한 남자아이예요.
병리적 진단을 내릴 수준은 전혀 아닙니다."
나는 안도했다.
무엇보다 아이 스스로도 상담을 받은 날엔
마음이 한결 가벼워졌다고 말해주었다.
하지만 이상하게도 담임 선생님은
이 과정에 단 한 번도 관심을 보이지 않았다.

"또 말썽이에요!"
"자기만 생각해요!"
"감정 조절이 안 돼요!"
전화는 늘, 현재의 문제만을 향해 있었다.

"너 때문에 내가 임신이 안 돼."
어느 날, 아이가 조심스럽게 내게 털어놓았다.
"엄마… 선생님이 나한테 그랬어.
'너 때문에 내가 임신이 안 돼.'라고."
그 말이 진심이었든, 순간의 분노였든,
아이의 마음에는 절대로 지워지지 않을 상처가 되었다.
나는 망설였다.
분노와 절망이 동시에 밀려왔지만,
정말 그런 말을 했는지에 대한 확신도 없었고,
괜히 문제를 키우는 건 아닐까 하는 두려움도 있었다.
그러던 어느 날, 결정적인 일이 벌어졌다.

"책 읽고 싶어요." 그리고 그 뒤의 전화
12월, 졸업을 앞둔 바쁜 시기였다.
선생님들은 학사 일정과 행사 준비로 분주했고,
교실 안엔 다소 느슨한 분위기가 감돌았다.
그날, 담임 선생님은 아이들에게 잠시 영화를 틀어주었다.
모두가 영화를 보는 사이,

우리 아이는 말없이 손을 들었다고 한다.
"저… 책 읽고 싶어요!"
허락을 받고 자리에 앉아 조용히 책을 펼쳤고,
잠시 후, 다시 영화를 보기 시작했다.
그 모습을 본 선생님은
매우 화가 난 목소리로 내게 전화를 걸어왔다.
"왜 다 같이 영화를 보자고 했는데,
자기는 책을 읽겠다고 해요?
그리고 나선 다시 영화를 봐요?
그게 얼마나 자기중심적인 행동인지 아세요?"
나는 한참 동안 말을 잃었다.
책을 읽겠다는 게 그렇게 큰 문제였을까?
다시 영화를 본 것이 그토록 불쾌한 일이었을까?
아이의 그 조용한 선택조차 문제 삼는 현실 앞에서,
나는 더는 아이를 변호할 힘도,
설명할 여유도 남아 있지 않았다.
그날, 나는 조용하지만 단호하게 말했다.
"선생님… 그냥, 저희 아이 포기해 주세요."

그 말의 진짜 의미

그 말은 절망에서 비롯된 단순한 항복이 아니었다.
아이가 더는 다치지 않도록 하기 위한 마지막 방어선이었다.
나는 아이를 포기한 것이 아니었다.

단지, 그 교실 안에서 아이의 존재 자체가 '문제'가 되어버린 현실을 더는 받아들이고 싶지 않았을 뿐이었다.

지금도 마음 한편에는 지워지지 않는 질문이 남아 있다.

그 선생님의 말과 행동이 정말 아이를 위한 '사랑'이었을까?

아니면 자신의 방식대로 움직이지 않는 아이를 틀 안에

억지로 끼워 넣으려 했던 집착이었을까?

그 일을 계기로,

나는 둘째 아이를 이전보다 훨씬 더 깊이 바라보기 시작했다.

교실에서 밀려난 아이가 아니라,

자기만의 방식으로 세상과 싸워온 아이.

누군가에게는 이상해 보일지 모르지만,

나에겐 너무나 단단하고 아름다운 존재.

5. 극과 극을 넘나드는 아이, 엄마의 현실적 선택

둘째 아이는 수줍고 낯가림이 심해
처음 보는 사람 앞에서는 인사 한 마디조차 어려워했지만,
상이나 상품이 걸린 무대에만 오르면 전혀 다른 아이가 되었다.
개다리 춤도 마다하지 않고, 자기표현 또한 주저하지 않는,
어쩌면 '극과 극'을 오가는 매력을 가진 아이였다.
원하는 것이 생기면 절대 물러서지 않았고,
실수나 잘못을 지적받아도
본인이 납득하지 못하면 끝까지 물고 늘어졌다.
그런 아이에게 체벌이나 호통은 전혀 효과가 없었다.
오히려 설명하고 설득하는 과정이 길더라도,
납득의 시간을 거친 뒤에야 비로소 마음이 열렸다.
나는 그제야 비로소 깨달았다.
이 아이에게는 '벌'보다 '이해'가 먼저라는 것을,
둘째 아이는 손끝을 정교하게 쓰는 활동을 유독 싫어했다.
소근육 발달이 또래보다 느렸고,
섬세한 그림 그리기를 몹시 힘들어했다.
큰아이는 다섯 살 때부터
미술학원을 다니며 점차 그림 실력이 늘어갔지만,

둘째 아이는 달랐다.
한 해가 지나도록 도형 중심의 그림만 반복하더니,
어느 날 미술 선생님이 웃으며 이렇게 말씀하셨다.
"어머니, 드디어 ▲▲의 그림에서
손가락, 발가락이 나오기 시작했어요!"
그 말을 듣고
나는 안도감을 느낌과 동시에 방향을 바꾸기로 결심했다.
아이의 성향을 억지로 바꾸기보단,
있는 그대로 받아들이고 싶었다.
그래서 누나가 좋아했던 그림 그리기 대신,
둘째는 바둑을 가르쳐 보기로 했다.
손끝을 세밀하게 쓰지 않아도 되고,
승부가 분명하게 갈리는 바둑은
둘째의 타고난 승부욕을 채워주기에 딱 맞는 활동이었다.
아이는 곧 흥미를 보였고,
나는 속으로 작은 그림을 그렸다.
"그래, 이 넘치는 에너지를 바둑으로 눌러보자.
그리고 책상 앞에 앉는 습관으로 이어보자!"
조심스럽고 치밀한 전략이었다.
기질을 있는 그대로 인정하고, 그 위에 공부 습관을
얹어보려는 엄마의 현실적인 타협이었다.

Q. 이때, 의대생 오빠 마음은?

어렸을 때 자폐 의심을 받았다는
이야기는 솔직히 잘 기억나지 않는다.
그럴 수밖에 없었다.
그런 이야기는 대개 아이 본인보다는
부모님과 선생님 사이에서 조심스럽게 오가는 경우가
많기 때문이다.
초등학교 시절, 선생님들과의 갈등이 종종 있었다는 사실은
기억에 또렷이 남아 있다.
무엇이 잘못된 건지 몰랐던 어린 나,
그리고 그런 나를 이해하기 어려웠던 선생님.
지금 돌이켜보면,
그건 결국 서로를 충분히 이해하지 못했기 때문이었다.
만약 다시 그 시절로 돌아갈 수 있다면,
'조금 더 따뜻한 말,
조금 더 열린 귀로 서로를 대할 수 있었을까?'
그런 아쉬움과 후회가 여전히 마음에 남아 있다.
그리고 나를 한 단어로 설명하자면,
'승부욕'이 강한 사람이다.
예전엔 팀 프로젝트를 할 때,
우리 팀이 질 것 같다는 생각만 들어도

감정이 앞서서 조원들과 충돌하는 일이 자주 있었다.
좋은 결과를 내고 싶다는 마음이 크긴 했지만,
그 마음을 표현하는 방식은 너무 서툴렀다.
지금 생각하면 부끄러운 순간들이기도 하다.
하지만 이 승부욕이 언제나 단점으로 작용했던 것은 아니다.
무언가 이루고 싶은 목표가 생겼을 때,
그 목표를 향한 내부 동기만큼은 누구보다 강하고 뚜렷했다.
그리고 그 힘이
지금의 나를 여기까지 끌고 온 가장 큰 원동력 중 하나였다.
요즘 나는 이 승부욕이 좋은 방향으로만
발현되도록 의식적으로 노력하고 있다.
때로는 감정을 다스리고,
불필요한 충돌은 피하려 애쓰면서
내 안의 에너지를 조율하는 방법을 하나씩 배워가는 중이다.

과목별 엄마표 전략

국어: 책 읽기.
　　　아무리 강조해도 부족하지 않다.
　　　책상에 앉는 습관, 사고력
　　　모두 책으로부터 시작된다.
영어: 노출이 핵심이다.
　　　언어는 듣기로 시작해야 하며,
　　　초등 시절 집중적으로 해두는 것이 좋다.
수학: 흐름을 이해하며 풀게 해야 한다.
　　　채점만 하는 엄마는 반드시 후회한다.
　　　유·초등시기엔 충분히 고민하고
　　　스스로 생각하게 도와주는 게 중요하다.
　　　고입 전까지 수학 하나만 제대로 해놔도
　　　내신은 한결 수월하다.

PART 2

엄마의 시간, 나의 시간

1. 수간호사와 엄마 사이에서 길을 잃다

엄마로서의 삶은 준비 없이 시작되었다.
간호사로서의 나와 엄마로서의 나는
늘 충돌했고, 그 사이에서 길을 잃었다.
출산과 동시에 육아가 시작되었지만,
삶은 나에게 멈출 틈을 주지 않았다.
아이가 태어난 기쁨은 잠시, 현실은 늘 치열했다.
밤 근무가 너무 힘들고 피로가 누적되던 시기.
'더 이상 지속할 수 없다'는 판단에
수간호사 자리를 선택하게 되었다.
이유는 단 하나, '밤 근무를 안 해도 된다!'는 조건 때문이었다.
밤 근무의 부담에서
벗어나는 길이라 생각했지만, 현실은 달랐다.
새로 오픈하는 병원의 환경은 혹독했고,
수간호사라는 직책의 무게는 생각보다 컸다.
육아와 일의 균형은 완전히 무너졌다.
어렵게 선택한 이 길에 육아까지 감당하기는 역부족이었다.
결국 큰아이는 친정 엄마의 손에 맡겨졌고,
나는 새 병원의 업무와 책임을 감당하며
하루하루를 버텨야 했다.

2. 유산 다음날, 나는 다시 출근했다

몸도 마음도 지쳐가던 어느 날,
나는 또 한 번의 큰 시련을 마주했다.
유산이었다.
물리적 고통보다도 마음을 더 깊이 찢는 상실감.
하지만 간호 인력 부족이라는 현실 앞에서
나는 울 시간조차 없이 다시 출근해야 했다.
그날의 나는, 엄마도 간호사도 아닌,
그냥 사람으로서 너무도 아팠다.
아이를 떠나보낸 그 다음날,
나는 아무 일 없다는 듯이 환자를 돌봤다.
울컥하는 마음을 누르며 일하고, 웃고, 기록했다.
그날 내 안에서 무언가가 무너졌던 것 같다.

2010년 1월 28일

목요일이라 엄청 피곤하고 힘들다.

언제까지 달려야 할지 사실 내겐 답이 없다.

부정적인 사고는 부정적인 마음을 만들고,

부정적인 마음은 얼굴을 어둡게 하고,

어두운 얼굴은 모두를 불편하게 한다.

다 잊고 새로 시작하자.

내 이 바람이 얼마나 큰지 다들 모르겠지만……

3. 책으로만 배운 육아의 한계

육아는 생각만큼 단순하지 않았다.
큰아이를 처음 키울 땐 책을 읽고,
메모하고, 전문가의 조언을 그대로 실천하려 애썼다.
한 마디로 내 육아는 '이론 중심'이었다.
'공부하는 육아'라 불릴 만한,
계획표에 맞춰 돌아가는 시스템이었다.
하지만 이론은 현실을 따라가지 못했다.
책에서 본 대로 실천해도 아이는 그렇게 반응하지 않았고,
나는 당황했고, 종종 좌절했다.
친정의 도움은 받을 수 없었고,
남편 역시 바쁜 직장생활로 육아에 깊이 개입할 수 없었다.
나는 자연스럽게 '통제'라는 도구에 기대게 되었다.
감정적으로 여유가 없는 상태에서,
하루하루 쫓기듯 살아가던 시절.
사랑보다 규칙이 앞섰고, 이해보다 지시가 먼저였다.
당시 유행하던 '타이거 맘' 스타일의 강한 훈육 방식은
육아에 대한 정보 부족 속에서 유일하게 손에 잡히는
방식이었다.

아이가 어릴수록 습관이 중요하다는 생각에 더 강하게
훈육하려 했고, 아이의 작은 반항에도 단호하게 대처했다.
하지만 시간이 지나고 돌아보니,
그 시절의 나는 아이의 마음을 충분히 들여다보지 못했다.
아이에게 내 불안과 조급함이 고스란히 전해졌을 것이다.
그 선택이 아이에게 어떤 흔적을 남겼을지 마음에 걸린다.
아이는 아무 말도 하지 않았지만, 나는 알 수 있었다.
그 시절의 아이 눈빛 속엔 언제나 긴장감이 있었다.
지금 생각하면,
아이에게 가장 필요한 것은 사랑과 안정이었을 텐데.
육아는 공부로 배울 수 없는 것들이 있다.
그건 아이와 부딪히며, 아이를 안아주며,
실패하고 반성하며 익혀가는 것이었다.

2010년 1월 29일

자녀 교육문제, 나의 미래를 생각하면 기회가 될 때

인천으로 올라가는 것이 훨씬 더 좋을 것 같다. 하루, 한 달,

일 년 계속 이런 생활을 한다면 언제까지 버틸 수 있을지 모르겠다.

이곳은 경제적으로도 너무 힘들다.

마음도 머리도 다 비우고 시작하고 싶다. 그만 나 좀 내버려 두었으면

좋겠다. 이 생활이 너무 싫다. 벗어나고 싶다.

어느 날 갑자기 내 무거운 짐을 버릴 수 있는 날이

온다면 좀 쉬고 다시 시작하고 싶다.

하지만 내 어깨엔 버릴 수 없는 짐이 있다.

우리 아이들이 잘 자랄 수 있도록 난 경제적, 정서적 지지를 해줘야 한다.

4. 아프고 나서야 보이기 시작한 것들

육아와 일을 병행하던 내 몸은 더 이상 버티지 못했다.
자가면역질환이 찾아오면서, 나는 그동안 무시해왔던
몸의 신호를 비로소 마주하게 되었다.
밤마다 뒤척이며 잠들지 못했고,
어깨는 마치 톱으로 자르는 듯한 통증이 이어졌으며,
발바닥은 뜨거워 신발을 벗고 종이 위에 발을 얹어야만 했다.
몸이 보낸 신호는 분명했다.
"이제는 멈추라!"는 외침이었다.
하지만 나는 멈출 수 없었다.
육아는 계속되어야 했고,
경제적 책임 또한 내려놓을 수 없는 짐이었다.
아픈 몸을 이끌고도 아이들을 위해 하루를 시작했고,
엄마로서의 역할은 여전히 내 어깨를 짓눌렀다.
그때 나는 결심했다.
'양보다 질이다. 질 좋은 육아를 하자!'
아픈 만큼 더 절실하게 깨달은 것은,
아이들에게 필요한 것은 완벽한 엄마가 아니라,
함께 울고 웃어주는 진짜 엄마라는 사실이었다.

함께 숨 쉬며 살아가는 삶의 순간순간이 더 중요하다는 것이, 그때서야 비로소 보이기 시작했다.

5. 엄마표 육아 원칙 4조

"아이는 엄마의 사랑을 먹고 자란다."
나는 이 신념 하나로
아이들에게 내가 할 수 있는 모든 것을 다 쏟아부었다.
그 사랑은 단지 감정이 아니라,
구체적인 실천과 기준으로 이어졌다.
그래서 나는 나만의 육아 원칙을 만들었다.
이름하여 **'엄마표 육아 원칙 4조'**
부모로서의 방향을 잃지 않기 위해,
이 원칙을 늘 가슴에 새기며 아이들을 키워냈다.

첫째, 되는 것과 안 되는 것을 명확히 가르치자.
아이에게는 자유도 필요하지만,
분명한 경계도 있어야 한다.
무엇이 허용되고, 무엇이 허용되지 않는지
분명히 가르쳐야 아이가 혼란스럽지 않다.

둘째, 특별한 경우를 제외하고는 TV 시청 금지.
영상 매체에 노출되기보다는,

직접 경험하고 상상하며 성장하길 바랐다.
눈으로만 소비하는 자극보다,
몸으로 부딪히고 마음으로 느끼는 경험이 훨씬 깊다고 믿었다.

셋째, 도서관은 될 수 있으면 매주 데려가자.
책은 세상을 보여주는 창이고,
도서관은 그 창을 여는 문이었다.
책을 가까이하는 습관은
아이의 사고와 감성을 동시에 키워주는 힘이 되었다.

넷째, 영어·책 읽기·수학은
일정 수준에 도달할 때까지 365일 매일 하자.
재능은 꾸준함에서 나오고,
꾸준함은 습관에서 나온다고 믿었다.
지치고 힘들 때도 있었지만, 매일매일 쌓아가는
습관이 결국 아이를 다져주는 기초가 되리라 믿었다.
나는 이 원칙 아래에서 아이들을 양육해 왔다.

> "밭이 있어도 갈지 않으면 곳간이 비게 되고,
> 책이 있어도 가르치지 않으면 자손이 어리석게 되네.
> 곳간이 비어 있으면 세월이 고달프고,
> 자손이 어리석으면 예의와 멀어지네.
> 일하지 않고 가르치지 않아서 된 것이라면

이것이 부형의 책임이 아니고 누구의 것인가?"

　　　　　　　　　　　- 당나라 시인 백난철의 《권학시》 중에서

"눈물을 흘리며 씨를 뿌리는 자는 기쁨으로 거두리로다."

　　　　　　　　　　　　　　- 성경 시편 126편 중에서

이 두 문장은

내가 수없이 흔들릴 때마다 붙잡았던 신념의 닻이었다.

마음이 무너질 때마다,

다시 일어나 씨앗을 뿌릴 수 있었던 힘.

그 씨앗이 자라 언젠가 기쁨의 열매가 되기를 바라는 마음으로

6. 꾸준함의 힘, 시간의 누적

아침 5시 기상.
채점과 오답 노트 확인.
아침 식사 준비.
영어 단어 암기 확인.
퇴근 후 학원 픽업과 저녁.
이 일상이 20년 가까이 반복됐다.
피곤하고 고단했지만, 그 안에는 분명한 의미가 있었다.
아이들이 초등 저학년일 때는
학원 대신 엄마표 학습으로 기초를 다졌고,
고학년이 되면서는
가정학습과 학원을 병행했다.
늘 시간이 부족했기에
새벽을 깨우는 수밖에 없었다.
영어 단어 암기 확인만도 무려 18년,
하루도 빠짐없이 이어졌다.
매일매일 반복되는 과정 속에서
나는 꾸준함의 힘을 믿었다.
그건 단순한 공부의 반복이 아니었다.

아이들이 지칠 땐 말없이 옆에 있어주고,

감정의 기복이 있을 땐 조용히 안아주었다.

아이가 흔들리지 않도록 중심을 잡아주는 일이 내 역할이었다.

2017년 5월 19일

내 자신을 내가 편하게 하고 싶은데,

그게 안 된다.

자꾸 불안하다.

잘하고 싶지도,

그리 오래 살고 싶지도 않은데

내가 여기서 어떻게 해야 할지 도통 모르겠다.

돌이켜보면,

그 시절은 너무 고되고 벅찼다.

그래도 그 시간을 버텼기에

지금의 내가 있고, 우리 가족이 있다.

육아는 고통이기도 했지만,

동시에 내 인생을 단단하게 만들어 준 시간이었다.

엄마로 살아낸 날들이 결코 헛되지 않았음을,

지금의 아이들이 말해주고 있다.

아직도 많은 엄마들이

오늘 하루를 버텨내며 살아가고 있을 것이다.
그들에게 말해주고 싶다.
지금 이 순간에도 충분히 잘하고 있다고,
당신의 하루하루가 분명히 아이들에게 남는다고...

의대생 남매의 집중 인터뷰

1. 의대생 누나의 집중 인터뷰

Q. 의대에 입학한 지금, 어떤 점에서
   엄마가 만들어준 토대 위에 서 있다고 느끼나요?

A. 학교를 다니고 학원을 다니고, 조기교육을 받는 것
   모두 혼자서 해낼 수 있는 일은 아니었어요.
   특히 비용이 많이 드는 자율형 사립고를 다녔던 것,
   어릴 적 영어에 자연스럽게 노출되어
   언어에 흥미를 갖게 된 것, 공부에 집중할 수 있었던 환경
   모두 부모님의 노력이 있었기에 가능했던 일이죠.
   제가 알든 모르든,
   늘 뒤에서 묵묵히 버팀목이 되어주셨다는 걸 느껴요.
   결국, 내 안에 어떤 가능성이 있다면

그걸 가장 먼저 발견해주고 꺼내주는 사람은 부모님이라는 걸 알게 되었어요.

Q. 공부가 힘들고 포기하고 싶을 때,
'엄마라면 어땠을까?' 생각한 적이 있나요?

A. 가끔 너무 지치고 버겁게 느껴질 때면 문득 그런 생각이 들어요.
'지금 내가 포기하고 싶은 이 순간에도,
엄마는 나를 위해 여전히 포기하지 않고 계실 텐데…' 하고요.
그런 생각을 하면 내가 멈춰서는 안 되겠다는 마음이 들어요.
결국 다시 마음을 다잡고 일어설 수 있었던 건 그런 순간들 덕분이에요.

Q. 의대라는 길 위에서 엄마에게
가장 고마움을 느낀 순간은 언제였나요?

A. 아무래도 경제적인 부담을 크게 느낄 때인 것 같아요.
사실 지금도 마찬가지고요.
제가 감당할 수 없는 비용들을 기꺼이
감당해주신 덕분에 마음 놓고 공부할 수 있었어요.

그리고 어릴 때부터 꾸준히
공부 습관을 들여 주셨던 것도 정말 감사해요.
양이 많고 끝도 없는 공부를 해야 할 때면,
그 습관이 얼마나 큰 힘이 되는지 실감하게 되거든요.

Q. 의대생이 된 지금,
엄마에게 배운 가장 큰 가치는 무엇인가요?

A. 저는 '꾸준함'이라고 생각해요.
어릴 적엔 잘 몰랐지만, 매일매일 시간을 정해 놓고
공부 습관을 만들어가던 그 시간이 쌓여
지금의 제가 되었더라고요.
꾸준함이라는 건 결국 나중에는 덜 힘들게,
더 좋은 결과를 낼 수 있는 가장 강력한 무기라는 걸
요즘 들어 점점 더 느끼고 있어요.

Q. 나중에 내가 부모가 된다면,
엄마의 방식 중 꼭 닮고 싶은 점은요?

A. 아이들과 직접 소통하며 함께하는 방식이요.
그게 단순한 교육을 넘어서서 가족 간 유대감에도,

아이를 깊이 이해하는 데에도 정말 큰 힘이 된다는 걸 느껴요.
그래서 저도 언젠가 아이가 생긴다면,
가능한 한 곁에서 함께 배우고 성장하는 시간을
오래 만들고 싶어요.

Q. '엄마의 시간'을 돌아보며,
지금의 나는 시간을 어떻게 써야겠다고 느끼나요?

A. 나 자신을 위한 시간도 소중하지만, 그 이상으로
나를 위해 애써주신 분들을 돌아보는 시간이 필요하다는
걸 느껴요.
받은 것을 되돌아보고,
그 사랑과 희생에 보답하려는 사람이 되고 싶어요.
더 따뜻하게, 더 넓은 시야로 시간을 쓰는 사람이 되고 싶어요.

2. 의대생 오빠의 집중 인터뷰

Q. 의대에 입학한 지금, 어떤 점에서
　엄마가 만들어준 토대 위에 서 있다고 느끼나요?

A. 나이에 맞는 공부를 계획해주셨던 점,
　그리고 원하는 문제집이나 학원을 큰 제약 없이
　선택하며 공부할 수 있었던 점이 떠오릅니다.
　그게 누군가에겐 당연한 일이
　아닐 수 있다는 걸 요즘에서야 실감하게 돼요.
　그렇게 안정적인 환경에서 공부할 수 있었던 건
　전적으로 엄마의 준비와 지원 덕분이었다고 생각합니다.

Q. 공부가 힘들고 포기하고 싶을 때,
　'엄마라면 어땠을까?' 생각한 적이 있나요?

A. 많았습니다.
　저는 원래도 "일단 끝까지 해보자"는 식으로 버티는 스타일인데,
　그럴 때마다 '엄마도 나를 위해 이를 악물고 버티셨겠지'라는 생각을 하곤 했어요.

그 생각이 다시 한 번 마음을 다잡게 만들었고요.
혼자 공부하는 게 아니라는 걸 느끼는 순간들이었습니다.

Q. 의대라는 길 위에서 엄마에게
가장 고마움을 느낀 순간은 언제였나요?

A. 고등학교 입학 전까지만 해도
어떤 시기에 어떤 공부를 해야 하는지 잘 몰랐어요.
그저 주어진 난이도의 숙제를 하며 따라갔을 뿐인데,
지금 돌이켜보면 그 흐름이 잘 짜여 있었고,
덕분에 무리 없이 공부를 이어올 수 있었습니다.
그 모든 계획과 흐름을 엄마가 잡아주셨다는
걸 알게 되었을 때, 참 고마웠습니다.

Q. 의대생이 된 지금,
엄마에게 배운 가장 큰 가치는 무엇인가요?

A. 포기하지 않는 끈기라고 생각합니다.
노력에 비해 결과가 안 나와 힘들었던 순간들이 많았는데,
그럴 때마다 포기하지 않고 계속 해냈던 건,
한편으론 엄마가 무서워서이기도 했지만(웃음),

그 덕분에 오히려 끈기를 얻게 된 것 같아요.
끝까지 해보는 힘,
그게 지금의 저를 만든 요소 중 하나입니다.

Q. 나중에 내가 부모가 된다면,
　엄마의 방식 중 꼭 닮고 싶은 점은요?

A. 육아 방식이요.
　자칫 잘못하면 아이가 게을러지거나
　인성에 문제가 생길 수도 있는데,
　저는 그런 방향으로 흐르지 않도록 잘 이끌어주셨다고 생각해요.
　그래서 나중에 제가 부모가 된다면,
　엄마가 저를 키우셨던 방식들을 꼭 배우고 싶습니다.

Q. '엄마의 시간'을 돌아보며,
　지금의 나는 시간을 어떻게 써야겠다고 느끼나요?

A. 부모님의 헌신 덕분에
　제가 원하는 목표를 이룰 수 있었던 만큼,
　이제는 저도 그 시간과 노력을

다른 사람들을 위해 쓰는 사람이 되고 싶습니다.
나 하나만을 위한 삶이 아니라,
받은 걸 다시 나누며 살아가는 데
시간을 써야겠다고 생각합니다.

PART 3

발톱 숨긴 타이거 맘의 조력

1. 미대 진학 선언의 진실

큰아이는 어릴 적부터 외교관이 꿈이었다.
어린 시절, 책상에 앉아 영어 문장을
흥얼거리던 아이의 모습은 지금도 선명하다.
그 안에는 아이의 순수한 꿈이 있었고,
그 꿈을 바라보는 나의 조용한 바람이 있었다.
단순히 직업으로서의 외교관이 아니라,
영어 공부를 힘들어하지 않게 해주고 싶었던 엄마의 마음,
그리고 타고난 언어적 감각을 더 빛나게 해주고 싶은
기대가 은근히 깃들어 있었는지도 모른다.
당시 나는 아이의 언어적 감수성과 표현력,
낯선 것에 대한 호기심을 보며,
'이 아이는 사람을 다루는 직업이 어울릴 것 같다'는
생각을 자주 했다.
외교관이라는 직업은 나의 기대와 아이의 성향이
절묘하게 만나는 지점처럼 느껴졌다.
그래서였을까?
자연스럽게 우리는 '국제고'라는 목표를 꿈꾸기 시작했다.
그 꿈은 단순한 진학 목표를 넘어,

아이가 원하는 길에 다가가기 위한 디딤돌로 여겨졌다.
그러나 현실은 녹록하지 않았다.
우리가 살던 지역은 지방의 작은 도시였고,
국제고 진학에 필요한 정보나 준비 환경은 턱없이 부족했다. 자사고나 과학고처럼 준비 시스템이 잘 갖춰진 대상도
아니었기에, 무엇을 어떻게 준비해야
할지 막막한 순간도 많았다.
그럼에도 우리는 희망의 끈을 놓지 않았다.
한참 진학에 대해 고민할 무렵,
세종국제고등학교의 개교 소식을 접하게 되었다.
그날 이후, 우리는 가족 여행을 계획할 때마다
전주와 세종을 중심으로 동선을 짰다.
학교 인근을 산책하고, 교정의 풍경을 보며 함께 걷고,
아이가 앉아 있을 법한 벤치에서 사진을 찍었다.
말로만 설명하는 것보다, 직접 보고, 느끼고,
생생할 수 있는 경험을 주고 싶었다.
그렇게 간접 경험을 쌓으며, 아이의 꿈은 더 구체화되었고, 나는 그 곁에서 조용히 아이의 시선을 따라가 주었다.
하지만 한편으로,
나의 마음 깊은 곳엔 의료계에 대한 기대도 자리하고 있었다. 사람을 살리고, 사회에 이바지하는 의료인의 길도
아이에게 어울릴 수 있다는 생각이 들었다.
그러나 나는 그 마음을 겉으로 드러내지 않으려 애썼다.

부모가 품은 꿈을 자녀에게 그대로 이식하는 일이
얼마나 위험한지, 그리고 그로 인해 아이가 얼마나 무거운
짐을 짊어지게 되는지를 너무도 잘 알고 있었기 때문이다.
나는 믿었다.
진정 아이가 행복할 수 있어야, 그 선택은 의미가 있다고.
아이가 자신이 선택한 길에서 자라나고,
성장해가는 모습을 지켜보는 것이
부모로서의 내 역할이라 생각했다.
그래서 나는 발톱을 숨긴 호랑이가 되기로 했다.
앞에서는 조용히 응원하지만,
뒤에서는 치열하게 정보를 모으고 자료를 정리하고,
아이가 필요로 할 때는 언제든 꺼내 쓸 수 있도록
준비된 사람.
그것이 내가 선택한 엄마의 모습이었다.
아이가 외교관이 되든, 의사가 되든,
혹은 전혀 다른 길을 걷게 되더라도,
그 여정에서 단 한 사람만큼은 언제나 아이의 편이라는
믿음을 주고 싶었다.
그렇게 나는 발톱을 감추고,
부드러운 눈빛으로 아이를 바라보는 호랑이로 살기로 했다.

> Q. 외교관을 꿈꾸던 시절, 그때의 경험이
> 지금의 나에게 어떤 의미였을까?

외교관을 꿈꾸던 시절이 있었다.
그저 멋있어 보여서 시작한 꿈이었지만,
부모님과 함께 다양한 도시를 다니며 경험을 쌓고
학교 교정을 걸으며 상상하던 장면들이 현실처럼 다가왔다.
막연했던 꿈에 조금씩 방향이 생기기 시작했고,
'나도 이런 길을 갈 수 있을까?' 하는 물음표는
조금씩 구체적인 목표로 바뀌어 갔다.
그 시간이 나에게 준 가장 큰 선물은 동기 부여였다.
비록 그 꿈이 지금까지 이어지지는 않았지만,
그 시절의 몰입은 결코 헛되지 않았다.
그 경험들 하나하나가 지금의 성격을 만들고,
나만의 가치관을 세우는 데 밑거름이 되었기 때문이다.
무엇보다도, 그때 처음으로
'나라는 사람은 어떤 삶을 살고 싶은가?'라는 질문을 마주했다.
결국 다른 길을 선택하게 되었지만, 그 시간 덕분에
나는 어떤 선택 앞에서도 흔들리지 않을 수 있었다.

고등학교 2학년 어느 날,
아이에게서 전화 한 통이 걸려왔다.

아이는 조용한 목소리로 물었다.
"엄마, 나… 미대로 진로 변경하고 싶은데,
엄마 생각은 어때?"
그 순간, 나의 가슴은 철렁 내려앉았다.
수많은 생각이 스쳐갔다.
'왜? 지금껏 잘해오던 건 어쩌고?
갑작스러운 선택의 이유는 뭘까?'
하지만 나는 감정을 꾹 눌러 담고,
그 어떤 판단도 개입시키지 않기로 했다.
아이가 내 반응을 시험하고 있는지도 모른다고 생각했다.
그래서 조심스럽게, 그러나 최대한 담담한 어조로 대답했다.
"그래? 네가 행복하다면 엄마는 좋아.
성적엔 문제없으니, 미술 학원부터 알아보자!"
순간, 전화기 너머에서 한참 동안 침묵이 흘렀다.
그리고 아이가 웃으며 말했다.
"엄마, 오늘 만우절이야.
엄마가 어떻게 반응하는지 궁금했어.
나 미대 갈 생각은 없어."
나는 웃어넘겼지만, 그날 이후 아이는 나의 그 한마디를
진심으로 받아들였다고 나중에 털어놓았다.
그 말은 단지 허울뿐인 응원이 아니었다.
위기의 순간에도 흔들리지 않는 믿음이 되었고,
아이는 '언제든 부모가 자신을 신뢰하고 지지해준다'는

확신을 품게 되었다.
그 짧은 통화는, 부모의 말 한마디가 아이의 선택과 자존감에 어떤 울림을 줄 수 있는지를 새삼 깨닫게 한 계기였다.
그리고 나는 다짐했다.
아이가 어떤 길을 가든, 끝까지 믿고 기다려주는 사람이
되자고. 그 다짐은 지금도 여전히 유효하다.

Q. 이 통화 후 어떤 생각이 들었는지?

이 통화는
아직도 머릿속에 또렷하다.
당시엔 입시 스트레스를
그림으로 푸는 게 일상이었고,
솔직히 말하자면 그만큼 그림 그리는 걸 꽤 좋아했다.
물론 진로를 바꿀 생각은 꿈에도 없었다.
그럴 만한 실력이 아니라는 걸 스스로도 잘 알았으니까.
단순히 장난 반 스트레스 해소 반으로 꺼낸 말이었다.
적어도 '미술은 취미로만 해라' 정도는 들을 줄 알았다.
아니면 '진지하게 다시 생각해보자'는 말이라도 말이다.
그러나 예상을 깨고 돌아온 답은
'미술 학원부터 알아보자'였다.
그 순간 당황했다. 그리고 깨달았다.

엄마는 정말로 내가 뭘 하든 괜찮다고 생각하는구나.
장난으로 한 말에 대한 엄마의 진지한 답은
엄마에 대한 믿음을 단단히 심어줬다.

2. 구글 회사원이 되고 싶어요

초등학교 졸업식 날,
둘째 아이는 무대에 올라가 당당히 말했다.
"저는 커서 구글 회사원이 되고 싶습니다!"
그 말에 주변에서 환호와 박수가 쏟아졌고,
나는 조용히 속으로 생각했다.
'그래, 이 아이는 정말 될지도 몰라.'
아이의 성향은 이 일과 잘 맞을 것 같았다.
창의력과 응용력, 그리고 빠른 연산 속도를 고루 갖춘
전형적인 이과형 아이였기 때문이다.
둘째는 문제 해결에 대한 태도가 남달랐다.
초등학교 2학년 때, 분단 활동 시간에
'가장 짧은 시간 안에 가장 긴 줄을 만들어라'는
미션이 주어졌다.
대부분의 아이들이 운동화 끈이나 옷을 활용하였다.
그런데, 둘째는 전혀 다른 접근을 시도했다.
친구들과 함께 교실의 책상을 하나씩 붙여
거대한 줄을 만든 것이다.
이 방식은 시간도 효율적이고,

결과도 눈에 띄게 독창적이었다.
담임 선생님은 그 모습을 보며 감탄을 아끼지 않으셨다.
"이 아이는 정말 창의적이에요!"
그 말은 나에게 단순한 칭찬 그 이상이었다.
아이의 사고방식이 얼마나 유연하고, 기존의 틀을
넘어서는 힘이 있는지를 확인한 결정적인 순간이었다.
이후에도 사고력 수학 문제 풀이에서
둘째 아이는 누나보다 1년 이상 빠른 진도를 나갔고,
새로운 방식으로 문제를 해결하는 창의성은 마치
타고난 재능처럼 자연스럽게 드러났다.
이런 아이가 구글을 꿈꾼다고 했을 때,
나는 고개를 끄덕일 수밖에 없었다.
글로벌 기업에서 일하며 혁신적인 프로젝트에 참여하고,
창의적인 문제 해결 능력을 발휘하는 모습이
눈앞에 그려지는 듯했다.
그러나 마음 한편에는 걱정도 있었다.
구글이라는 기업은 본사도 해외에 있고,
근무 방식이나 문화 또한 우리나라와는 많이 다르다.
과연 우리 아이가 외국 생활에 잘 적응할 수 있을까?
새로운 문화와의 충돌, 조기 퇴사 등
현실적인 변수들도 떠올랐다.
게다가 우리 둘째는 '신토불이' 성향이 강한 아이다.
국산 재료가 아니면 입에 대지 않으려 하고,

한식 외에는 거의 먹지 않았다.
입맛뿐 아니라 삶의 스타일 전반에 걸쳐 익숙한 것,
한국적인 것에 대한 선호가 뚜렷했다.
그래서 나는 또 한 번, 발톱을 숨기기로 했다.
의료계라는 안정적인 길을 바라보는 나의 마음은 여전했지만, 아이가
스스로의 꿈을 탐색하고 나아가는
그 여정을 가로막고 싶진 않았다.
창의성과 실용성, 그리고 확장성을 고루 갖춘 길이라면,
아이는 분명 그 안에서 길을 찾아낼 수 있을 것이라 믿었다.
그때부터 나는 구글과 관련된 직무, 채용 구조,
대학 전공의 연계성 등 아이가 스스로 결정할 수 있도록
도와줄 정보들을 하나하나 찾아 정리해나갔다.
말하지 않았지만 늘 준비하고 있었다.
아이의 꿈이 어디로 흐르든,
그 흐름이 좌절이나 단절이 되지 않도록 뒤에서 물길을
보내주는 사람이 되고 싶었다.

Q. 구글 회사원에서 의사로 꿈이 바뀌게 된 계기가 있을까?

처음엔 구글에서 일하는 게 꿈이었어요.
영재학교 진학, 명문대,
그리고 실리콘밸리—전형적인 '성공 시나리오'였죠.

그런 삶이 가장 멋있다고 생각했거든요.
그런데 영재고 진학을 준비하며
학원에 다니기 시작하면서 시야가 달라졌어요.
나는 문제 하나를 푸느라 머리를 싸매고 있는데,
옆 친구는 웃으면서 가볍게 풀더라고요.
그때 처음으로 생각했어요.
'이 머리, 어디에 써야 의미 있을까?'
단순히 나만 잘사는 게 아니라,
누군가와 함께 살아가는 삶이 더 가치 있지 않을까?
하는 고민이 생겼어요.
그 끝에 의대라는 선택이 있었죠.
의사는 병원이 멀게 느껴지는 사람들에게
가장 가까이 다가갈 수 있는 직업이라고 생각했어요.
내가 가진 것을 나누고, 도움이 되는 일을 하고 싶었거든요.
그래서 결국, '성공'보다는 '의미'에 더 끌리게 됐습니다.

3. 누나도 하는데, 내가 못할 건 없지

영재고 진학을 준비하던 시기,
3살 많은 누나는 기숙형 자사고에
입학해 점점 성적을 끌어올리고 있었다.
자주 볼 수는 없었지만,
통화로 들려오는 자신감 있는 목소리,
부모님의 얼굴에 스치는 흐뭇한 미소는
둘째에게 조용하지만 강한 자극이 되었다.
"누나도 하는데, 나라고 못할 게 뭐야?"
그 말은 단순한 위로가 아니라,
스스로에게 던진 분명한 도전장이었다.
사실 둘째는 어릴 때부터
누나에게 지기 싫어하는 성격이었다.
기어 다니던 시절,
앞서 걷는 누나가 길을 막자
화가 나서 종아리를 물어버린 일도 있었다.
말은 통하지 않았지만
'내 길은 내가 간다'는 고집만큼은 분명했다.
그 마음은 자라서도 여전했다.

둘째는 누나와의 비교에 휘둘리기보다,
'이기고 싶다면 실력으로 증명하자'는 결심을 하게
되었고, 영재고 대신 자사고로 방향을 틀었다.
동시에 외부 활동을 줄이고
가정학습이라는 새로운 방식도 주도적으로 선택했다.
이 시기부터 공부는 누군가의 요구가 아니라,
스스로 설계한 '프로젝트'가 되었다.
매일 아침 자신만의 계획표를 세우고
철저히 실천했으며, 배운 내용을 엄마, 아빠에게
설명하며 개념을 정리하는 방식으로 이해의 깊이를 더해갔다.
설명은 곧 자기 점검이었고,
그렇게 공부의 구조를 스스로 만들 줄 아는 힘이 자라났다.

2010년 3월 4일

"○○가 요즘은 내게 행복을 준다"

요즘 ○○가 왜 그렇게 잘하는지 모르겠다.

물론 나야 행복이지만 ○○가 부담 갖지는 않았으면 좋겠다.

이 정도면 만족하는데 너무 잘하는 건, 이는 부담이다.

우리 ○○에겐 무슨 직업을 갖게 해야 할지 모르겠다.

초등학교 때 1, 2등 하던 애들도 중학교 가면 처진다.

혹시 그런 일이 생겼을 때 ○○가 상처 받지 않았으면 좋겠다.

누나가 포본이니 우리 아들 녀석도 잘하겠지!!!!

영어만 자리 잡으면 될 것 같은데……

4. 의대가 꼭 답은 아닐 수도 있어

나는 종종 둘째에게 말했다.
"아들아, 의대가 꼭 답이 아닐 수도 있어!"
손재주가 부족한 아이라
해부학 수업에서 고전하지 않을까 염려되었기 때문이다.
무엇보다도 나는 아이가 자신이 아닌 부모의 바람을
따라가고 있다는 착각을 하게 될까 봐 두려웠다.
하지만 아들은 단호했다.
"이미 의대는 엄마의 목표가 아니고 제 꿈이에요!"
이 말에서 나는 아이가 스스로 선택하고 있다는 확신을 얻었다.
입시는 결코 평탄하지 않았다.
고등학교 첫 시험에서 전교 1등을 하며 안도했지만,
이후 계속해서 강한 경쟁자와 엎치락뒤치락했다.
중간고사는 좋았지만 기말고사와 수행평가 점수를
합산하면 전교 2등이 되기 일쑤였다.
평가 구조의 변화도 어려움을 더했다.
진로 과목은 단순 등급 평가만 가능했고,
일반 과목이 9등급제로 평가되면서
성적의 객관적 상승 곡선을 그리기 어려웠다.

이 때 나도 후회했다.

이 학교 보내지 말걸.

일반고였다면 내신 1.0으로 서울대의대 지역균형선발이

더 유리했을 텐데 하는 아쉬움도 들었다.

그래도 아이는 끝내 해냈다.

고3이 되어 전교 1등으로 졸업했고,

결과적으로 자신의 한계를 넘는 성장을 이뤄냈다.

비록 재수를 해야 했지만,

그 시간조차도 아이는 의미 있게 보냈다.

> Q. '의대가 꼭 답이 아닐 수도 있다'는 말을 들을 땐 무슨 생각이 들었는가?

솔직히, 그 말을 들었을 때

크게 놀라지도 않았어요.

이미 그 시점의 '의대 진학'은

부모님이 하라고 해서 가는 길이 아니었거든요.

그냥 제 목표였죠.

고등학교 3년 내내

의대를 향해 한 걸음씩 밟아왔고,

생기부 속 한 줄 한 줄까지

그 방향으로 차곡차곡 채워놨는데,

이제 와서 딴소리 할 이유가 있었을까요?
물론 저도 알아요.
제가 손재주 좋은 편은 아니라는 거.
근데요, 그게 뭐 대단한 흠이라고.
연습하면 될 일이고,
그런 단점 하나 있다고
제가 직접 고민하고 선택한 진로를
쉽게 포기해야 할 이유는 없다고 생각했어요.

5. 조용한 동행, 아이들의 아빠

교육의 중심에는 언제나 내가 있었다.
아이들의 학습을 설계하고, 감정을 읽고, 흔들리는 시기를
예측하며 선제 대응하는 역할은 늘 내 몫이었다.
그러나 그 무게를 오롯이 혼자 짊어진 것은 아니었다.
한 발 물러선 자리에서,
결코 가볍지 않은 무게를 묵묵히 지탱해 준 조력자가 있었다.
존재감이 잘 드러나지 않지만,
우리 가족의 토대이자 숨은 버팀목이 되어 준 사람.
바로 아이들의 아빠이자, 나의 배우자였다.

묵묵한 시작

결혼 초, 그리고 아이들의 유아기까지
그는 육아에 거의 관여하지 못했다.
그 시절, 회사는 '가정'이라는 이유로 업무에서 빠지는
것을 전혀 용납하지 않았다.
하루 걸러 하루가 야근과 당직이었고,
프로젝트가 시작되면 몇 날 며칠 집에 들어오지 않는 일도
다반사였다.

음주 문화는 말할 것도 없었다.
회식이 곧 업무의 연장이던 시절,
그 시절 나는 만삭의 몸으로 폐렴에 걸린 큰아이를 업고,
빗속을 헤매야 했다.
응급 상황 속에서도 남편의 부재를 감내하며
'엄마'라는 이름 하나로 버텨야 했다.
하지만 돌이켜 보면,
그는 무책임했던 것이 아니었다.
그가 가진 시간표 안에서는 최선을 다했으며,
그것은 곧 '성실한 부재'였다.
눈앞에 있진 않아도,
그가 그 시절 우리 가족을 외면했던 것은 아니었다.

매주 토요일의 헌신

친정과 주거지의 거리가 멀었지만,
그는 매주 토요일이면 한 치의 흔들림 없이 나와 함께
친정에 올라갔다.
잠깐의 시간이라도 아이와 함께 있으려고 애썼고,
월요일 새벽이면 다시 출근길에 나서는 일을
무려 5년간 반복했다.
그 누구도 알아주지 않는 그 루틴은
아이들의 기억 속에 '부재'가 아닌 '존재'로 남았다.

그 시간이 육아의 공백을 메운 보이지 않는 징검다리였다는
사실을, 우리는 훗날에서야 더 명확히 알게 되었다.

운전이라는 이름의 사랑

직장 내 위치가 안정되고, 시대가 조금씩 변하면서
그는 점점 더 아이들의 일상 속으로 들어왔다.
내가 자녀 교육에 본격적으로 뛰어들면서
운전은 그의 전담 영역이 되었다.
주말 체험학습, 전국을 도는 역사 기행, 학원 이동, 캠프 픽업…운전하지 못했던 나를 대신해 그는 말없이 차를 몰았다.
우리 가족이 탄 첫 차량은 16만km를 달린 뒤 생을 마감했다.
그 후 10만, 2만, 18만, 15만, 26만km, 3만km를 달린 차량들이 그의 손을 거쳐 갔다.
도합 90만km.
지구 두 바퀴를 돌고도 남는 거리였다.
그 모든 길 위에 아빠의 뒷모습이 있었다.
특히 과학 영재원에 다니던 6년 동안은 대부분의 픽업이
그의 몫이었다.
폭우가 쏟아지는 날도, 폭설이 내리는 날도,
그는 차 안에서 아이들을 기다렸다.
그 무수한 '기다림의 시간'은 말보다 깊은 사랑이었다.
아이들은 말하지 않아도 그 사랑을 기억하고 있었다.

'가사'라는 두 번째 직업

아이들이 초등 고학년이 되면서,
내 교육 개입은 점점 깊어졌다.
채점, 진도 점검, 개념 설명, 심화 문제 분석…
밤늦게까지 아이들과 책상에 앉아 있다 보면,
집안일은 손댈 겨를이 없었다.
그때부터 그는 조용히 '가사'라는 두 번째 직업을 맡았다.
퇴근 후 가장 먼저 하는 일은 싱크대로 향하는 것이었다.
말없이 설거지를 하고, 음식물 쓰레기를 정리하고,
세탁기 버튼을 누르고, 거실 바닥을 정리했다.
지친 얼굴로 돌아와도 불평 한 마디 없었고,
집안이 어지럽혀져 있어도 짜증을 낸 적이 없었다.
문제가 생기면 말없이 해결했고,
내가 부탁하지 않아도 알아서 움직였다.
그 조용한 수용과 실천은 누구보다 현실적이고
깊은 방식의 '가족 사랑'이었다.

가장 큰 지지, 가장 단단한 신뢰

그는 내 교육 방식을 존중했다.
처음엔 양가 어머님들이 내 교육 방식에
우려를 표하기도 했다.
"애들 성격 나빠진다",
"극성스럽다",

"공부는 때 되면 다 하게 돼 있다"
명절날까지 책을 펼쳐놓는 내 모습을 못 마땅해하셨다.
그런 말들이 쏟아질 때,
그는 단호하게 말했다.
"다 ○○엄마가 알아서 잘 할 거예요. 믿고 기다려 주세요."
그 한마디는 내 방식에 날개를 달아줬다.
그는 늘 조용한 방식으로 나를 지지했고,
그 지지가 있었기에 나는 흔들리지 않고
아이들을 끌어안고 갈 수 있었다.
그의 말은 짧았지만, 그 말 뒤엔 오랜 신뢰가 담겨 있었다.

또 다른 느낌의 미학

나는 예민하고 급한 사람이다.
큰 시험이 다가오면 잠도 설쳤고, 불안을 감추지 못한 채
아이들에게 과하게 몰아붙인 적도 있었다.
입시 앞에서는 더욱 감정이 요동쳤고,
그 긴장은 가정 분위기 전체를 흔들었다.
그런 나와 정반대인 그.
항상 한 박자 느리고, 마음에 여백이 있고,
아이들의 말에 웃음으로 응답하는 사람.
그의 유머는 아이들에게 위안이 되었고,
그의 태도는
나에게 정신적 균형을 잡아주는 무게추가 되었다.

아이들이 말한다.
"아빠랑 있으면 편해."
그 말 한마디에
그가 우리 가족에게 어떤 존재였는지가 고스란히 담겨 있다.
그는 나의 동반자이자, 아이들의 안식처였다.
입시의 길은 험하고 외롭다.
앞장서 끌어주는 사람도 중요하지만, 등 뒤에서 말없이
짐을 들어주는 사람이 없다면 결코 완주할 수 없다.
그는 늘 그런 사람이었다.
한 번도 내 앞에 나서지 않았지만,
한 번도 우리 가족의 무게를 외면하지도 않았다.
그는 내가 흔들릴 때 중심을 잡아줬고,
아이들이 지칠 때 말없이 품어줬다.
이 길을 함께 걸어온 동반자,
아이들에게는 조용하지만 가장 깊은 안식처.
그가 있었기에,
우리는 이 긴 여정을 무사히 통과할 수 있었다.

사교육과 엄마표 어떻게 조화시킬까?

50대 50

난 사교육에 긍정적인 편이다.
전문가의 손길을 빌릴 수 있고,
엄마의 정신적 부담도 줄어드니 말이다.
다만, 사교육만 믿고 엄마가 본인의 역할을 소홀히 하거나
과도하게 개입한다면, 기대했던 효과는 얻지 못할 것이다.
나의 경우, 예체능을 제외하고는
유년기부터 중학교 절반까지는 거의 엄마표로,
이후는 사교육으로 진행했다.
의대 진학을 위한 입학 전형을 분석하고,
면접도 직접 준비시켜봤다.
정말 사교육 없이 의대에 갈 수 있을까?
내 결론은 50대 50이다.

기대하고 이 책을 읽는 분들은
실망스러울 수도 있지만, 그것이 현실이다.
좀 더 솔직히 말하자면, 현재의 입시 흐름에서는
사교육 없이 의대 진학이 힘들다고 본다.
큰아이 때는 엄마의 노력으로 가능했지만,
이후 3년간 입시는 너무 많이 진화했다.
그 진화 속도를 부모가 따라가기란 쉽지 않다.
특히 수도권 의대 진학은 사교육 없이 더 힘들다.

😀 면접 사교육의 민낯

둘째의 서울대 의대 MMI 면접을 준비하면서
유명 면접 학원을 다녀봤다.
유튜브나 블로그에 떠도는
'본인에게 맞는 면접 준비'는 현실과 거리가 멀었다.
단 3회 수업 만에 '아, 이렇게 지도하는구나!'를 깨달았다.
아주 특별한 아이가 아니라면,
면접 학원은 필요하다.
하지만 그렇다고 엄마가 손을 놓아서는 안 된다.
자료 정리, 생기부 기반의 모의면접, 태도 점검은
엄마의 몫이다.

이 모든 걸 사교육에 맡기기는 어렵다.
'돈이 많으면 편하게 의대 가는구나!'란 생각이 들겠지만,
대한민국에서 그런 여건을 갖춘 가정은 많지 않다.
사교육과 엄마표, 어떻게 조화시킬까?
학생부 기반 의대 진학이 엄마표만으로 가능할까?
내 경험으론 거의 어렵다.
물론 예외적인 아이도 있다. 하지만 현실에선 드물다.
그렇다면 팁 하나.
엄마의 의지와 조정 능력은 사교육비를 줄일 수 있고,
사교육 효과도 극대화시킬 수 있다.
경제적 부담을 고려하면,
유·초등기엔 엄마표로 관리하며 재정적 여유를 확보하고,
중·고등 시기에 사교육을 시작하는 게 현명하다.

🧑 사교육 선택의 기준

중요한 건 적절성이다.
무리한 투자, 군중심리에 따른 선택은 금물이다.
자녀에게 정말 필요한지,
자녀가 정말 원하는지 파악해야 한다.
부모와 자녀의 기대가 다를 땐 '조정'이 반드시 필요하다.

사교육이든 엄마표든, 선택은 각자의 몫이다.
하지만 어떤 선택을 하든,
부모가 해줘야 할 몫은 분명 존재한다.
사교육의 선택과 방향은,
결국 앞으로 대입을 준비해야 할
학부모들의 숙제로 남긴다.

PART 4

공부는 시스템으로 사랑은 철학으로

1. 영어 못하는 엄마와 원서 읽는 아이들

큰아이의 영어 학습은 다섯 살부터 시작됐다.
사교육보다는 가정학습을 택했다.
경제적인 이유도 있었지만,
스스로 방향을 잡고 실천해 보고 싶다는 의지가 컸다.
그때 선택한 것이 바로 '잠수네 영어공부법'이었다.
이 책을 10번 넘게 정독했고, 방법을 익힌 뒤 직접 실천에 옮겼다.

2009년 12월 30일

요즘 OO의 영어에 너무 신경을 쓰지 못했다.

말로만 엄마표 라고 외치고

실질적으로 만족스럽지 못하게 하고 있다.

이런 모습!

안돼요!

반성해요!

더 열심히 해도 부족할 판인데 말이다.

하루 3시간, 흘려듣기를 병행하며
리딩북 1,000권 읽기를 목표로 삼았다.
'런투리드', '헬로 리더', '매직트리하우스' 등
아이가 흥미를 느낄 수 있는 시리즈를 중심으로 진행했다.
초등 4학년 무렵에는
자연스럽게 해리포터 시리즈 원서 읽기로 이어졌고,
긴 호흡의 독서에도 거부감 없이 이어졌다.
발음 교정에는 '로제타스톤' 프로그램을 활용했다.
3단계까지 반복 학습을 한 뒤,
서대문구 화상영어센터의 프로그램을 통해
필리핀 대학생과의 1:1 수업을 시작했다.
그리고 여름방학에는 3주간 필리핀 어학연수를 다녀오며
영어 사용 환경에 직접 노출될 수 있도록 했다.
동기 부여도 중요했다.
영어 관련 대회와 자격증 시험,
영어권 국가로의 자유여행을 계획했고,
그 여행에서는 아이에게 '가족 영어 통역사' 역할을
맡기며 자연스럽게 실전 사용 기회를 늘렸다.
중학교에 입학한 직후,
아이의 영어 실력을 점검해 보기 위해
유명하다는 어학원에 상담을 받으러 간 적이 있었다.
상담 초반, 우리가 "영어 학원 경험이 없다"고 말하자
원장은 의아하다는 듯한 표정을 지었고,

이내 미묘한 무시가 섞인 태도를 보였다.
마치 지금까지 사교육을 받지 않았다는 사실이
곧 경쟁에서 뒤처졌다는 뜻인 것처럼 받아들이는 듯했다.
그러나 테스트 결과를 보고 태도가 달라졌다.
객관식 어휘 문제, 독해 지문, 문장 배열까지 포함된
실력 진단에서 아이는 매우 안정된 실력을 보여주었고,
결국 원장으로부터 'Top Class' 수업을 제안 받았다.
잠시 당황한 표정 뒤에 덧붙인 원장의 평가는
"영어 구사력과 문장 감각이 좋다",
"학습 공백 없이 잘 따라올 수 있다"는 것이다.
우리는 그렇게 첫 영어 학원 수업을 시작했다.
하지만 곧 실망을 느끼게 되었다.
수업은 예상보다 단조로웠고,
실용적인 언어 감각이나 독해력보다는
단어 암기와 테스트 점수 관리에 초점이 맞춰져 있었다.
매주 새로운 단어장이 제공되었고, 매 수업이 끝날 때마다
암기 시험과 틀린 개수에 따른 벌점이 주어졌다.
게다가 교재도 자주 바뀌었다.
한 권을 제대로 끝내기도 전에 다음 교재로 넘어가거나,
유사한 내용이 반복되는 교재를 병렬로 학습시키는 방식이었다.
처음엔 변화가 많은 커리큘럼이 흥미롭게 느껴지기도 했지만, 곧 체계 없는 반복과 피로감만이 남았다.
아이 역시 금세 흥미를 잃었고

수업 후 돌아오는 길에 말했다.
"엄마, 왜 학원에서는 재미있는 영어는 안 가르쳐?"
그 말은 단순한 불만이 아니라,
아이가 느낀 학습의 방향과 본인의 흥미 사이의 괴리였다.
결국 6개월의 영어 학원 경험은 끝났다.
다시 우리는 비슷한 실력의 아이들끼리 그룹 과외를
구성해보기로 했다.
이 방식은 중등 수준을 넘어 고등학교 영어 개념을
미리 접할 수 있는 기회가 되었다.
특히 중간·기말고사 기간에는 학원 대신 자율학습에
집중함으로써 학습 효율을 높이는 데에도 효과적이었다.
과외가 6개월에 접어들면서,
아이의 학습 습관도 점차 안정화되었다.
그러던 어느 날, 과외 선생님께서 조심스럽게 제안하셨다.
"이제는 ○○이 실력이 많이 앞서 있어서, 그룹보다는 고등 영어 전문
신생님에게 1대1로 배우는 것이 좋을 것 같아요."
예상치 못한 제안이었고, 처음에는 조금 혼란스러웠다.
하지만 생각해보면 자연스러운 흐름이었다.
우리는 무리하게 고등 영어 과외를 구하지 않고,
다시 '엄마표 학습'으로의 전환을 선택했다.
이미 방향성과 학습 습관이 잡힌 상태였기에,
고등 영어 과정이라 해도 아이에게 부담이 되지 않았다.
그렇게 중학교 영어는 큰 탈 없이,

비교적 안정적인 흐름으로 마무리되었다.
문법 중심으로 구성된 중학교 영어는
3년 내내 핵심 문법을 반복 학습하는 구조였고,
나는 이 시기엔 영어 학원을 고집하지 않기로 했다.
수능에서 문법이 차지하는 비중이 크지 않다는 점,
그리고 아이의 자기주도 학습 역량을 믿었기 때문이다.
지금 돌이켜봐도, 참 잘한 결정이었다.
큰아이는 현재 TOEIC 970점을 기록했고,
JLPT N2 자격도 취득했다.
중국어 해외 연수 당시에는 간단한 연설을 할 수 있을 정도로 언어에
대한 감각과 자신감을 갖게 되었다.
사교육에 기대기보다, 아이의 성향과 주도성을 바탕으로
꾸준히 설계한 학습 방식이 결국 언어 실력이라는 결과로
이어졌다고 믿는다.

> Q. 영어학원을 많이 다니지 않았다고 들었어요.
> 아쉬움은 없었나요?

영어학원을 더 다녔어야 하지 않았냐는 질문을
종종 받는다.
하지만 저는 어릴 때부터
영어에 자연스럽게 노출돼 있었고,

영어를 공부라기보다는
하나의 언어로 받아들이는 데 익숙했다.
중학교 시절 학원의 도움을 받기도 했지만
영어 실력이 부족하다고 느낀 적은 없었다.
오히려 그 시간에 고등학교 수학을 더 준비하는 게
저에게는 더 필요하고 효율적인 선택이라고 판단했다.
만약 정말 영어학원이 더 필요하다고 느꼈다면
제가 먼저 부모님께 요청했을 것이다.
공부는 누가 시켜서 억지로 하는 게 아니라
스스로 필요를 느낄 때
가장 잘 채워진다고 생각한다.
결국 중요한 건 얼마나 많이 했느냐가 아니라,
지금 나에게 무엇이 필요한가를
정확히 아는 것이다.

둘째 아이는 큰아이의 경험을 바탕으로,
좀 더 효율적이고 경제적인 방식으로 접근했다.
우선 한글 독서를 충분히 한 뒤 영어로 넘어갔다.
기존에 활용했던 자료들을 재사용하며
가정 학습을 이어갔다.
남자아이라는 점,

그리고 시각적 자극에 민감하다는 특성을 고려해
인터넷 영상이나 화상영어는 제공하지 않기로 했다.
긍정적 효과보다는 부정적인 영향이 클 수 있다는
판단이었다.
대신 영어책 듣기 위주의 학습을 꾸준히 진행했고,
초등 고학년 무렵부터는 영어도서관을 다니며 자연스럽게
독서량을 늘려갔다.
발음은 또렷하지 않았지만, 실제 외국인과의 대화 상황에서는 거리낌
없이 자신의 생각을 표현하는 모습을 보였다.
그 순간 나는 다시금 깨달았다.
표면적인 완성도보다 중요한 것은 결국
'말을 두려워하지 않는 태도'라는 사실을.
중학교에 들어간 뒤에도 영어 학원은 선택하지 않았다.
그 대신 철저히 누나에게 의지하는 체계를 스스로 만들었다.
모르는 문제가 생기면 누나에게 문자나 전화로 질문했고,
때로는 누나가 직접 문제를 만들어주고 피드백도 해주었다.
자연스럽게 가족 안에서 멘토링 구조가 형성된 것이다.
그렇게 중학교 3년 동안
둘째 아이는 사교육 없이도 영어 실력을 유지했고,
고등학교 입학 후에도 내신 영어 등급 1.0을 꾸준히
유지했다.
올해 2월에는 별다른 준비 없이 응시한 TOEIC에서
935점을 받았다.

학원이나 외부 시스템에 의존하지 않고, 자기 성향에
맞는 방식으로 언어를 받아들였기에 가능한 결과였다.
둘째 아이 역시 입증해준 것이다.
영어는 '많이 외우고 많이 푸는' 과목이 아니라,
꾸준히 듣고 말하며, 스스로 연결 지어가는 언어라는 사실을.
그리고 이쯤에서 꼭 덧붙이고 싶은 이야기가 있다.
믿기 어렵겠지만, 엄마인 나는 영어 울렁증이 있는 사람이다.
일상적인 회화조차 버거울 정도로
영어 앞에서는 유독 자신감이 떨어졌다.
그런 내가 키운 아이들이
TOEIC 고득점,
영어 원서 정독,
다국어(일본어, 중국어, 스페인어) 습득까지 해냈다는 것은
언뜻 보기엔 모순처럼 보일지도 모른다.
그러나 바로 그것이 핵심이다.
아이의 언어 실력은 엄마의 영어 실력과는 무관하다.
진짜 중요한 것은 엄마의 능력 그 자체가 아니라,
아이의 가능성을 끝까지 끌어올리고자 하는
집요한 관심과 학습 환경이다.
나는 잘하는 엄마는 아니었지만,
지치지 않는 엄마였다.
엄마표 영어의 핵심은
'유창한 발음'도, '유학 경험'도 아니다.

매일 단어 암기를 시키고
영어 흘려듣기를 유지하게 하며,
틀려도 다시 시도하게 하는 '포기하지 않는 태도'
그 자체가 가장 강력한 교육 전략이었다.
결국 언어는 지식이 아니라 지속성의 산물이라는 것을,
두 아이의 성장 과정을 통해 온몸으로 체감하게 되었다.

Q. 영어는 어떤 식으로 공부했는가?

"많은 분들이 '영어는 독해가 중요하다'고
말씀하시는데, 그 말은 맞다.
그렇다고 문법을 소홀히 해서는 안 된다고 생각한다.
수능에서는 문법 문제가 많지 않지만,
그 한 문제 때문에 등급이 바뀌는 경우도 분명 존재하니깐.
특히 내신에서는 문법 비중이 훨씬 크다.
수시를 준비하는 학생이라면,
문법은 선택이 아니라 필수라고 생각한다.
작은 차이가 결국 결과를 바꾼다."

2. 수학은 시스템-반복, 오답, 심화 그리고 밀도

수학은 단순한 암기 과목이 아니다.
개념이 나선형 구조로 반복되며 심화되고,
또 확장되는 학문이다.
한 번 배운 내용을 여러 차례 되새기고,
서로 다른 각도에서 다시 접근해보는 과정이 필수적이며,
이러한 과정 속에서 선행 학습은
단지 빠르게 진도를 나가는 것이 아니라
훗날 더 깊은 이해로 이어지게 만드는 '예열'의 역할을 한다.
둘째는 이 수학의 특성을 누구보다 잘 이해하고 실천했다.
초등 저학년 시절부터 엄마표 수학으로 개념을 다졌고,
수학 학습을 일상의 루틴 속에 자연스럽게 녹여냈다.
평일에는 정해진 분량의 개념 학습과 연습문제를 풀며
정규 학습을 진행했고,
주말에는 '비상구 시간'이라는 이름으로
주중에 부족했던 내용을 보완하거나 고난도 문제에 도전하는 시간을
별도로 마련했다.
이러한 구조적인 루틴은 둘째에게 수학을 두려움이 아닌,
익숙하고 친근한 과목으로 인식하게 만들었다.

단순 계산 능력 이상의 사고력 기반 문제 해결 능력을
길러주는 토대가 되었던 것이다.
초등학교 6학년 12월,
우리는 둘째 아이의 수학적 역량을 한 단계 끌어올리기
위해 영재고와 과학고 입시를 전문으로 준비시키는
수학학원에 등록했다.
그곳에서 아이는 수학 상·하부터 시작해 수학 Ⅰ·Ⅱ,
미적분까지 빠르게 선행을 진행했다.
이 과정은 단순한 선행 이상의 의미를 가졌다.
이론을 단순히 습득하는 것을 넘어서,
문제 해결 방식과 논리적 사고력을 동시에 요구하는
훈련이기도 했다.
수학이 단순히 '문제를 많이 푸는 과목'이 아니라
'사고하는 힘을 기르는 언어'라는 것을 둘째 아이는
몸소 체험하게 되었다.
이 강도 높은 훈련 과정은
오히려 아이에게 수학이라는 세계에 더욱 깊이
몰입하게 만드는 계기가 되었다.
무작정 앞서가기보다는 개념과 원리를 자기 언어로 소화하고,
반복 속에서 스스로 연결 고리를 만들어가는 방식.
그것이 둘째 아이가 실천한 수학 학습의 본질이었고,
결국 그 방식이 고등 진학 이후의 수학 실력 유지에도
결정적인 밑거름이 되었다.

> **2018년 4월 23일**
>
> 울 아들이 정말 수학적 재능이 있는 아이일까?
>
> 자꾸 궁금해진다.
>
> 공부를 잘해야 인생을 성공하는 것도 아닌데...
>
> 계속 이렇게 고가의 교육비를 지불하는 게 맞는가?
>
> 라는 생각이 든다.
>
> 가장 문제는 울 아들은 정말 영재는 아니라는 것이다.
>
> 요즘 새삼 느낀다.
>
> 울 아들을 어떻게 해줘야
>
> 아들도 나도 모두 행복할 수 있을까?
>
> 울 아들도 나도 모두 잘 되길 바란다!!!

중학교 2학년 여름,

진로를 자사고나 일반고로 바꾸게 되면서

수학 학습에도 큰 전환점이 찾아왔다.

이전까지는 사고력 중심의 수학 학습을 이어왔지만,

이제는 내신과 수능을 겨냥한

실전형 문제 풀이 방식으로의 전환이 필요해졌다.

자연스럽게 학원보다는

가정학습 중심의 체계로 돌아갔다.

이 시기부터 우리는 같은 문제집을 두 권씩 구입했다.
처음 한 권은 개념을 익히며 한 번 풀고,
나중에 다른 한 권으로는 오답이 났던 문제를 중심으로
다시 반복해 풀도록 했다.
정답률 80%를 기준으로 문제를 재구성해 풀면서
정확도를 점검했고, 틀렸던 문제 유형에 대해선
풀이과정을 적어보게 하며 개념을 복습하게 했다.
고등 수학 역시 선행 학습이 아닌 스스로 진도를
정해가며 독학하는 방식을 택했다.
인터넷 강의 없이도 교과 개념을 직접 정리했고,
개념과 개념 사이의 연결 고리를 스스로 만드는 데 집중했다.
문제 풀이 역시 단순 반복이 아닌
전략적 접근과 분석 중심의 학습이었다.
고등학교에 진학한 이후에도
둘째는 수학 내신 대비 학원을 따로 다니지 않았다.
그럼에도 불구하고 스스로 학습 흐름을 끊기지 않게
유지했고, 자기주도 학습을 통해 실력을 견고하게
다져나갔다.
결국 수학은
'누가 가르쳐주느냐'보다 '누가 더 끈기 있게,
자기 방식으로 반복하느냐'가 핵심이라는 걸,
아이의 학습 과정을 통해 다시 한 번 확인할 수 있었다.

반면, 큰아이는
둘째 아이보다 9개월 빠른 초등학교 6학년 3월,
수학 학원을 다니기 시작해 본격적인 수학 학습에 들어갔다.
중학교 시절에는 대형학원에서
심화 문제집과 함께 고등 수학까지 선행했고,
고등학교 진학 이후에는 내신 대비를 위해 학원을 다녔다.
개념 이해력과 정리 능력은 좋았고,
오답 정리도 비교적 충실히 했지만,
전체적인 학습 시간과 몰입도는
둘째보다 상대적으로 적었다.
큰아이의 경우, 학원 선택에 있어서
단순히 '유명하다', '커리큘럼이 좋다'는 이유보다
더 중요한 기준이 있었다.
원장님이 직접 수업을 진행하는지,
수업 분위기가 아이와 맞는지,
그리고 맞춤형 피드백이 가능한 구조인지를
가장 먼저 따졌다.
특히 수학은
아이의 성향과 수준에 따라 학습 효과가 달라지기 때문에,
한 사람 한 사람에게 꼭 맞는 환경이 필수적이다.
수업 시간에 집중하지 못하거나
질문을 자유롭게 던질 수 없는 분위기라면,
아무리 훌륭한 커리큘럼도 소용없다는 것을

경험을 통해 깨달았다.
그래서 우리는 학원을 선택할 때마다
아이와 함께 직접 수업을 체험해보고,
피드백 반응을 꼼꼼히 확인한 후 결정했다.
결과적으로,
큰아이는 고등 수학 학습에서 꾸준한 안정세를 유지하며
자신만의 학습 리듬을 만들어 나갔다.
결국 수학은 '누가 더 많은 수업을 듣느냐'가 아니라,
'누구에게 더 잘 맞는 방식으로 접근하느냐'의
싸움이라는 것을 두 아이의 서로 다른 학습 여정을 통해
다시금 실감하게 되었다.

Q. 수학 공부를 할 때 선행학습은 필수인가?

"수학은 절대 수박 겉핥기"식
선행으로 해결되는 과목이 아니라고 생각한다.
진도가 조금 느리게 느껴져도
조급해하지 않았다.
지금 배우는 개념을 정확하게 이해하고
넘어가는 게 훨씬 더 중요하다고 믿었고,
그런 마음으로 꾸준히 기본기를 다져왔다.
얕게 여러 단계를 빠르게 훑기보다는,

한 단원을 깊이 있게 파고드는 방식이
더 잘 맞았다.

3. 빨간 배낭과 국어 점수의 비밀

아이와 함께 도서관을 찾는 일은,
어쩌면 모든 육아의 정석일지 모른다.
우리가 도서관을 생활의 중심으로
삼았던 데에는 나름의 이유가 있었다.
첫째, 책 읽는 습관을 자연스럽게 들이기 위해서였다.
둘째, 또래 친구들과 어울리며 사회성을 기를 수 있었고,
셋째, 공공장소에서 지켜야 할 규칙과 예절을 익히는
　　　최고의 교육장이 되었기 때문이다.
초등 국어의 핵심은 결국 '책 읽기'였다.
그래서 초등학교 1학년이 되던 해부터,
집 근처에 위치한 두 곳의 도서관을 본격적으로 찾았다.
교과 연계 도서와 청소년 권장 도서를 중심으로
아이는 자연스럽게 책 속에서 언어 감각을 쌓아갔다.
저학년 시절에는 거의 매주 주말마다 도서관을 방문했다.
그러나 고학년이 되자
학원과 학교 행사로 도서관 방문이 점점 어려워졌다.
결국 나는 두 도서관을 교대로 방문하며
격주로 책을 대출했고, 대출 기간이 2주인 점을 고려해

책이 끊기지 않도록 스케줄을 짰다.

그때부터 내 손에는 항상 빨간 배낭이 들려 있었다.

무겁고 두꺼운 책들을 담기에는

손가방도, 쇼핑백도 적절하지 않았다.

등에 맬 수 있는 배낭이 가장 실용적이었다.

어느 순간부터 도서관 사서 선생님들 사이에

나는 '빨간 배낭 아줌마'로 통하게 되었다.

그 시절에는 단지 '좋은 습관'을 심어주고 싶다는 생각뿐이었다.

하지만 시간이 지나고 보니,

그 시절의 도서관 생활이야말로

우리 아이 국어 실력의 기초가 되어주었음을 깨닫게 되었다.

독서량이 많은 아이는 자연스럽게

어휘력, 문해력, 사고력에서 우위를 점하게 되었다.

비문학 지문을 어렵게 느끼지 않았고,

서술형 평가에서도 논리적인 글 구성이 가능했다.

인문영재교육원을 통해 독서와 토론 능력을 확장했고,

중학교 3학년 이후에는 고전 중심의 국어 전문 학원을 다니며

고등 국어의 기반을 다졌다.

이러한 과정 덕분에 큰아이는 수능 국어에서도

흔들림 없이 안정적인 점수를 받았고, 논리적 사고와 독해력을 바탕으로 국어는 늘 믿고 가는 과목이 되어주었다.

하지만 둘째는 달랐다.
초등 시절 책 읽기의 양이 상대적으로 부족했고,
중학교 3학년 후반기에 6개월 남짓 국어 학원을 다닌 것이
고등 국어 준비의 전부였다.
고등학교 입학 후 내신 성적은 나쁘지 않았지만,
수능 국어에서 문학을 중심으로 큰 벽에 부딪혔다.
문제를 읽고도 작품의 감정선을 놓치기 일쑤였고,
질문의 의도를 파악하지 못해 오답을 고르는 경우가 많았다.
결국 수능 국어에서 만족할 만한 결과를 얻지 못했고,
재수를 선택할 수밖에 없었다.

이 경험을 통해 확실히 깨달은 사실이 있다.
국어는 단기간에 끌어올릴 수 있는 과목이 아니라는 것이다.
시간이 쌓여야 하고, 책장이 쌓여야 하며, 사고의 구조가
단단해져야 실력이 된다.
내가 들고 다녔던 그 빨간 배낭은
단순히 책을 담는 가방이 아니었다.
그 안에는 국어 실력의 시간, 언어 감각, 사고의 틀이
고스란히 담겨 있었다.
그리고 그것이 곧, 입시 국어를 결정짓는
가장 확실한 차이를 만들어냈다.

4. 과학은 흥미로, 그리고 전략으로

큰아이는 초등 시절
자연영재교육원을 통해 과학에 대한 흥미를 키웠다.

> **2011년 12월 9일**
>
> 오늘은 OO의 영재성 검사 날이다.
>
> 지금쯤이면 입실했겠지?
>
> 아이들을 대할 때마다 늘 다짐한다.
>
> 바다처럼 넓은 마음으로 바라보자, 이해해 주자.
>
> 하지만 그게 언제까지 가능할까?
>
> 나는 얼마나 더 이런 마음을 유지할 수 있을까?
>
> 그래도 오늘 하루도
>
> 최선을 다해서 살아가는 내 모습을
>
> 아이들에게 보여주고 싶다.
>
> 그게 내가 아이들에게
>
> 해줄 수 있는 가장 솔직한 교육 아닐까?
>
> 사실, OO를 영재교육원에 보내고
>
> 싶은 이유는 너무도 현실적이다.

> 사교육비 좀 아껴보자는 마음, 그게 1순위다.
>
> 웃기지만...
>
> 진심이다.
>
> 나도 안다.
>
> 우리 딸, 영재는 아니다.
>
> 다만 책을 좀 많이 읽었고, 미술을 꾸준히 했고,
>
> 운이 조금 따를지도 모른다.
>
> 그게 전부다.

중등 과학은
강남 온라인 강의와 시중 문제집을 병행하며
자율적인 학습 시스템을 만들어갔다.
고등학교에 진학한 이후에도
대부분의 과학 학습은 인터넷 강의 위주로 이루어졌고,
특히 고3 시기에는 화학Ⅱ에서 화학Ⅰ으로 과목을 변경하는
결단을 내리기도 했다.
남은 기간은 고작 100일 남짓.
그 안에 전 범위를 새롭게 익히고 수능을 치러야 했다.
그 선택은 결과적으로 옳았고,
큰 부담 없이 과학 성적을 유지할 수 있었다.

둘째 역시 자연영재교육원을 다녔다.
하지만, 중학교 때는 코로나 시기와 맞물리며
과학 학습은 대부분 홈스쿨링 위주로 진행할 수밖에 없었다.
경제적인 사정도 고려해야 했고, 시기적으로도
스스로 공부할 수 있는 구조를 만드는 것이 더 적합했다.
고등학교에 접어든 후에도
두 아이 모두 과학학원에 다니지 않았다.
대신 온라인 강의와 참고서 중심으로 학습하며,
성적은 안정적으로 유지되었다.
과학은 결국 기본 개념과 꾸준한 복습이 핵심이라는 걸
두 아이를 통해 실감하게 되었다.
무엇보다 중요한 것은,
아이가 스스로 자기 학습의 중심을 잡고 있었던 점이다.
그 기반은 초등학교 때부터 이어온 과학에 대한
친밀감과 스스로 탐구해 보려는 태도에서 비롯된 것이었다

5. 아이에 따른 공부법

두 자녀의 성향은
놀라울 정도로 달랐다.
MBTI 검사 결과만 봐도
큰아이는 INFJ,
둘째 아이는 ESTJ.
공통된 성향은 겨우 25% 정도에 불과했다.
이렇게 전혀 다른 두 아이에게
동일한 육아 방식이 통할 수 있을까?
나는 생각했다.
엄마가 해야 할 일은
'모든 아이에게 똑같은 방법을 적용하는 것'이 아니라,
'각 아이의 성향에 맞춰 장점을 살리고 단점을 보완하는 것'이라는
점을.
결국 맞춤형 육아가 필요했다.
말도 제대로 못 하는 아이에게
심리 검사를 시키고,
전문가에게 조언을 구하기 전에,
엄마가 먼저 해야 할 일이 있다.

아이를 '바로 읽는 것'이다.

놀이터에서의 놀이,

짧은 대화,

잠드는 모습 하나까지

모든 일상 속에서

아이의 기질과 성향은 고스란히 드러난다.

그걸 가장 먼저, 가장 깊이 관찰할 수 있는 사람이 엄마다.

세심한 관찰, 애정, 그리고 시간이 필요하다.

이건 누구도 대신해줄 수 없는 몫이다.

육아와 학습의 중심에는 언제나 부모의 직관이 있어야 한다.

그 직관은 아이를 있는 그대로 바라보는 시간에서 나온다.

큰아이는 언어적 감각이 뛰어난 아이였다.

영어든 국어든, 글과 말에 대한 감각이 탁월했고

독서와 작문, 토론 활동에서 스스로 즐거움을 느꼈다.

그렇기에 학습 방향도 비교적 명확했다.

꾸준한 독서와 어휘 확장을

중심으로 사고력과 표현력을 기르고,

논술·인문학 수업을 통해

사고의 깊이를 더하는 전략이 효과적이었다.

고등학교 내신 국어와 수능 국어에서

다소간의 부딪힘은 있었지만,

큰 어려움 없이 실력을 유지할 수 있었던 것은

그의 타고난 기질에 잘 맞는 학습법을 일찍 찾았기

때문이라고 본다.

반면, 둘째 아이는
분명하게 수학에 강점이 있는 아이였다.
논리적 사고력, 문제 해결력에서 탁월함을 보였고
무엇보다 반복 훈련을 지루해하지 않았다.
수학은 시간 대비 효율이 높은 과목이라는
자신만의 확신이 있었고, 개념 이해를 바탕으로
고난도 문제를 반복하며 심화 학습을 해나갔다.
이 아이에겐 '양보다 질'이 중요했고,
양적인 학습보다 깊이 있는 사고와 응용 중심의 접근이
더 효과적이었다.
나는 아이의 흐름과 리듬을 잘 읽고,
그에 맞는 환경과 시기를 고려해 학습 방향을
유연하게 조정해 주려 노력했다.
내가 아이들에게 줄 수 있는 가장 큰 선물은
그들의 기질과 강점에 꼭 맞는 공부의 방향을
잡아주는 일이었다.

나는 '공부는 시스템으로,
사랑은 철학으로 접근해야 한다'고 믿는다.
아이들이 스스로 책상 앞에 앉고,
그 시간이 습관이 되어 삶 속에 자리 잡도록
만드는 것이 가장 기본적인 학습의 출발점이었다.

학원을 고를 때도, 교재를 선택할 때도,
공부 방법을 정할 때도 항상 나의 기준은 하나였다.
"이게 우리 아이에게 맞는가?"
결국 입시는
성적 이전에, 아이를 읽어내는 일에서 출발한다.
그 출발점을 제대로 잡아주는 것이
부모가 할 수 있는 가장 중요한 일이라고 나는 믿는다.

학년별 공부 설계도

1. 영어 학년별 학습 흐름 정리

1) 유년기 (잠수네 공부법 위주)
   : 영어의 생활화
   리딩북 꾸준히 듣고 읽기
   제목 써 보기
   기상 전, 취침 전 영어 동화 듣기
   영어책으로 놀기

2) 초등학교 (영어의 비중이 가장 높음)
   1학년: 파닉스를 통해 기본 발음 습득.
          리딩북 2단계부터 시작하며 하루 1~2권씩 읽음.
          로제타스톤으로 발음 연습.
          일어나기 전과 자기 전에 영어 듣기.

2학년: 하루 5권 이상 읽기 실천.
　　　　챕터북 도전 시작.
　　　　추천도서를 중심으로 다양한 분야의 책 접하기.
　　　　단어는 100 Word 1, 2 활용.

3학년: 챕터북 집중. (프리니, 아서, 매직트리 등)
　　　　클래식 명작 접하며 독서의 깊이 확대.
　　　　초등 영문법 시작.
　　　　로제타스톤 재도전.
　　　　영어 일기 쓰기 병행.

4학년: 영어체험마을 참여.
　　　　여름방학 어학연수(필리핀) 진행.
　　　　화상영어 병행하며 말하기 실력 향상.
　　　　영자신문으로 시사 어휘 학습.

5학년: 홈리딩 전문 학원 다니며 주 5일 영어 독서 시간 확보.
　　　　진도 체크와 보완을 가정에서 관리.
　　　　선생님과 면담을 통해 레벨 관리.

6학년: 중등 문법 정리. (3800제 등)
　　　 TOSEL 인터 시험 대비.
　　　 중등 교과 영어 선행 진행.

2) 중학교
　　1학년: 초등 루틴 유지하며 '○○○ 어학원' 병행.
　　　　 원서 읽기 지속.

　　2학년: 1:4 그룹 과외 병행.
　　　　 방학마다 텝스 시험 준비.
　　　　 3800제 반복.
　　　　 Word Master 암기.
　　　　 자이스토리 독해 시작.
　　　　 로즈리 인강 2회 수강.

　　3학년: 수능 모의고사 3개년 반복 풀이.
　　　　 영어 듣기는 생략.
　　　　 자이스토리, 마더텅 독해 문제집 마스터.
　　　　 수능 문법 중심으로 정리.
　　　　 월 1회 실전 모의고사 연습.

2. 수학 학년별 학습 흐름 정리

1) 유년기 수학

   기탄수학 시리즈:
   5세부터 숫자 개념을 익히며 B단계부터 순차적으로 진행.
   (반복학습엔 좋지만 분량이 많아 지치기 쉬움)

   사고력 수학:
   천재교육의 사고력 수학 시리즈로 유치원 시절부터
   초등 2학년 수준까지 지속 학습.

2) 초등 수학 (저학년)

   기본서:
   셀파 기본서를 중심으로 각 학년·학기별 지도 진행

   사고력 수학:
   사고력 수학 문제집을 활용하다 3학년 전후로 펙토로 교재
   교체.

   기적의 계산법:
   연산력을 높이기 위해 도입.

    심화:
    블랙라벨로 단계적 응용 능력 향상.

3) 초등 수학 (고학년)
    인터넷강의 :
    수박씨닷컴의 김영아 선생님 강의를 통해 중3까지 선행.

    개념원리 중학 시리즈:
    중1~중3 개념을 교재로 직접 정리하며 기초 다짐.

    수학학원:
    초6부터 소수정예 원장 직강 수업 참여.
    오답노트 작성 습관 형성.
    기초부터 심화까지 꼼꼼히 점검.

4) 중학교 (수학의 비중이 가장 높음)
    고등 수학 선행
    개념원리 → 쎈 A/B/C 단계 → 마플 시너지 → 블랙라벨 순으로 진행.

심화 대비:

블랙라벨로 최종 정리.

심화 유형은 따로 정리. 오답노트 필수.

교재 선택 시

쎈은 단계별 구성(A, B, C)으로 체계적 정리가 잘 되어 있고, 마플은 다양한 유형으로 균형 잡힌 대비가 가능함.

비법5. 두 아이의 공부법 비교표

구분		첫째 아이
영어	유초등	파닉스를 거의 건너뛰고 바로 리딩북 1000권 도전. 흘려듣기를 생활화했고, CNN 뉴스, 도라 도라 같은 영어 영상물 시청. 로제타스톤으로 발음 교정. 놀이 위주로 영어를 접함.
	중등	원서 위주 독서. (해리포터, 트와일라잇 등) 텝스 대비도 병행하며 고3 수능형 실력 완성. 자이스토리, 마더텅 문제집 정리. 로즈리 인강을 반복 수강. 고3 수능형 실력 완성. 영어를 언어로 받아들이게 함.
	고등	고교 내신 중심 학원 시작. 문법과 독해 위주 강의 수강.
수학	초등	기탄수학 → 사고력 수학 → 셀파 기본서 → 기적의 계산법을 통해 연산과 개념 정리.
	중등	'수학의 정석'은 복잡하다고 거부하여 대신 다양한 유형 훈련(쎈, 마플, 바이블) 후 심화(블랙라벨)까지 체계적으로 선행.
	고등	고교 내신 중심 학원
기타		국어는 꿀특강과 오감도 등 활용. 과학은 강남인강으로 개념을 익힌 후 셀파+개념풀 문제집 구성. 고등 국어 및 과학 인강과 문제풀이를 동시에 실시

구분		둘째 아이
영어	초등	이보영 파닉스를 기본으로 다지고, 흘려듣기 생활화. 로제타스톤을 활용해 발음과 기초 음가를 체계적으로 익힘. 단계별 리딩북(2단계부터)을 사용하며 도서에 흥미가 생길 때 자연스럽게 챕터북으로 연계, 영어도서관도 병행.
	중등	해리포터 원서 듣기를 중심으로 진행 (첫째만큼은 안 됨) 로즈리 인강 중심 학습. 3800제 문법책 2~3학년 수준 반복. 워드마스터 암기와 반복 학습. 고등 독해 활용 및 수능 기출 반복 풀이. 수능 위주의 공부
	고등	고등 진입 후 첫째와 동일한 커리큘럼을 따름.
수학	초등	첫째와 유사하게 기탄 → 사고력 수학에서 펙토로 전환. → 셀파 → 기적의 계산법
	중등	고등 과정은 '수학의 정석 실력편' 으로 개념 정리 후 다양한 유형(쎈, 마플) 오답노트를 활용해 취약 유형 보완.
	고등	자기 주도형 학습.
기타		둘째의 학습 루틴을 바탕으로 구성하되, 두 아이의 성향에 맞춰 다른 인강 선택. 고등 국어 및 과학 인강으로 개념 정리 후 문제풀이

PART 5

입시 한복판,
나는 조용히 곁을 지켰다.

1. 자사고, 네가 감당할 수 있어?

큰아이가 중학교 2학년이 되었을 무렵,
우리는 고등학교 진학에 대해 진지하게 고민했다.
외교관이라는 막연한 꿈에서 점점
의학(의치한약수)계열로 진로가 이동하기 시작했다.
공부 여건이 좋고, 교육비 부담이 덜하며,
내신 관리가 가능한 자사고를 찾았다.
우리는 자주 방문했던 전주의 상산고(내신의 한계)를
제외하고 전국 단위 자사고를 선택했다.

하지만, 중3 담임 선생님은 자사고 진학을 반대하셨다.
전교 1등도 일반고를 택하는 분위기에서,
전교 2등인 아이가 자사고를 진학한다면
어려움을 겪을 거라는 우려였다.
실제로 학교 선배 한 명이 진학해 고전하고 있다는
사례도 들려주셨다.

흔들림이 있었다.
그럼에도 내겐 확신도 있었다.

그 확신은

첫째, 큰아이는 본인이 희망한 학교의
입학 설명회를 다녀온 후 간절히 가고 싶어 했다.
이런 마음이 있는 아이라면 가서도
'물러섬 없이 잘할 거야!'하는 믿음이 있었다.
둘째, 고등과정 선행 학습이다.
영어는 고3 수준의 수능 시험지를 같은 조건으로
풀어도 1등급이 나왔다.
수학은 미적분과 심화 문제집을 이미 끝낸 상태라
고1 과정은 충분히 준비된 상태였다.
셋째, 예체능과 인문·과학 활동 등 수행평가에 강점이 있었다.
수채화와 한국화, 다양한 악기 연주, 인문·자연 영재교육 등 다방면의
경험이 이를 뒷받침했다.

자사고 입시를 위해
우리는 입시 전문 학원에 의지하지 않았다.
인터넷, 블로그, 입시 후기를 샅샅이 뒤졌다.
자사고 관련 입시 정보는 의외로 부족했지만,
대학 입시 정보를 바탕으로 방향을 잡았다.
자기소개서를 함께 쓰고, 중학교 성적 관리에 집중했다.
입시를 위해 학원은 가지 않았지만, 준비는 철저히 했다.
여기에서도 역시 **'결정은 아이의 몫, 부모는 따른다.'**는
마음으로 고등학교 진학을 준비했다.

여러 과정을 걸쳐 아이는 전국 단위 자사고에 입학했다.
자랑스럽게도
큰아이는 반배치 고사에서 전교 1등이라는 결과를 얻었다.
아이도 우리가족도 무척 기뻤다.
하지만 그것은 시작일 뿐……

> Q. (의대생 누나가) 자사고 진학을 고민하는
> 후배들에게 해주고 싶은 말은?

당시 저는 치대를 목표로 하고 있었어요.
그래서 더 나은 환경에서 공부하고 싶다는 생각이 강했죠.
자율형 사립고등학교는
제 진로에 더 가까이 다가갈 수 있는 선택이라고 느꼈고,
그래서 망설임 끝에 그 길을 택했어요.
물론 두려움도 있었죠.
성적이 떨어질 수 있다는 불안감, 낯선 지역에서 혼자 지내야
한다는 부담도 무시할 수 없었어요.
하지만 이왕 하는 거 최선을 다해보자는 마음이 더 컸어요.
지금 와서 돌아보면 입시 결과가 전부는 아니었어요.
그 선택이 만들어준 시간들, 노력했던 기억들,
새로운 환경에서 부딪히며 배운 것들과 시행착오를 통해 쌓인
경험들이 지금의 저를 만들었어요.

혹시 자사고 진학을 앞두고 두려움을 느끼고 있다면
그건 정말 자연스러운 감정이에요.
하지만 진심으로 원하는 목표가 있다면,
그 목표를 향해 내딛는 걸음은
결코 헛되지 않을 거예요.

둘째 아이도
고등학교 진학을 앞두고 같은 고민을 했다.
코로나 시국으로 상담이 쉽지 않았지만,
자사고와 일반고 모두 미리 상담을 받았다.
사회 분위기상 자사고 기피 현상도 있어 경쟁률이 낮았지만,
한편으로 지원자들의 수준은 높아 부담감이 컸다.
한일고 진학도 고려했지만 상담 후
정시 위주의 학교 운영 방식이 부담스러웠다.
누나를 키워보며 수시의 중요성을 절감했던 터라,
최종적으로 한일고는 제외했다.
일반고는 경제적 부담이 적고 내신 관리가 쉬워 매력적이었고,
자사고는 개설 과목이 다양해 수시 준비에 유리하고
수도권 대학 진학률이 높았다.
무엇보다 9등급제
내신 시스템에서 '학생 수'는 매우 중요한 요소였다.

우리가 선택하려는
일반고는 전교생이 150명대, 자사고는 200명대였다.
이렇다보니 1등급을 받을 수 있는 인원이 더 많은
자사고가 상대적으로 유리했다.
이 과정에서 자사고의 교육비 부담을 고려해서
둘째는 스스로 조심스레 물러서기도 했다.
하지만 가족회의를 통해 결국 누나가 다녔던
자사고에 진학하기로 결정했다.

준비 과정에서 예상치 못한 일이 생겼다.
중학교 담임 선생님께 입학 서류를 부탁드렸지만
마감일이 가까워올 때까지 서류가 준비되지 않았다.
결국 아이 아빠가 연가를 내고 학교를 직접 찾아가
서류를 받아야 했다.
이 일이 선생님께 불쾌감을 주었던 것일까?
아이에게 "전국에서 난다 긴다 하는 애들 다 모인 고등학교를
네가 왜 가? 바닥 깔아주러?"라는 말을 하셨다고 했다.
아이에게 큰 상처가 되는 말이었다.
아이는 전교 3등이었고, 내신도 충분했다.
중학교 학습보다는
고등 선행에 집중했기에 오히려 준비된 상태였다.
'학부모가 나서서 문제였을까?'
'현실을 알려주고 싶었을까?'

알 수는 없지만 아이의 마음을 꺾기에 충분한 말이었다.
교사는 아이에게 날개를 달아주지 못할망정,
날개를 꺾는 존재가 되어선 안 된다고 생각한다.
아이가 어떤 나무로 자랄지 아무도 모른다.
그렇기에 말 한마디도 조심스러워야 한다는 걸,
그때 뼈저리게 느꼈다.

> Q. (의대생 오빠가) 자사고 진학을 고민하는
> 후배들에게 해주고 싶은 말은?

고등학교를 선택할 때,
저는 수시 기준으로 더 좋은 대학을 가려면
자사고 진학이 유리하다고 생각했어요.
그게 제 선택에 가장 큰 영향을 줬죠.
물론 고민도 많았어요,
혹시 자사고에 갔는데 성적이 기대만큼 안 나오면,
차라리 일반고가 더 나았을 수도 있지 않을까?
하고 후회할지도 모른다는 생각이 들었거든요.
그래도 누나가 같은 학교에서
좋은 성적을 내고 있는 걸 보고,
'나도 할 수 있겠다.'는 자신감이 생겼어요.
그리고 만약 성적이 잘 안 나오더라도,

비교과 활동을 더 열심히 챙기면
충분히 만회할 수 있다는 믿음도 있었어요.
그런 여러 가지 생각 끝에 자사고 진학을 결심했고,
지금 돌이켜보면 그 선택은 잘한 결정이었다고 생각해요.
혹시 자사고 진학을 앞두고 고민 중인 친구가 있다면,
너무 두려워하지 않아도 괜찮아요.
어떤 선택이든 결국 그 안에서 어떤 마음으로,
얼마나 최선을 다하느냐가 더 중요하니까요.
"너만의 길을 믿고, 자신 있게 결정하길 응원할게!"

2. 구멍 난 내신, 충격의 과외 요청

2018년 2월 19일

구정 연휴가 끝나고, 다시 월요일 출근.

고등학교에 입학한 딸이 내 품을 떠났다.

많이 서운했다.

이제는 둘째를 돌보며 하루하루 보내야겠지.

다 철들면 떠날 자식들인데

오늘따라 마음이 더 허전하다.

딸은 자유를 찾았고 나는 여유를 찾았지만

왜 이렇게 슬픈 걸까?

결국, 친정 엄마에게 전화를 걸었다.

그냥, 보고 싶었다.

사랑한다고 말하고 싶었다.

큰아이는 반 배치고사 전교 1등으로
입학식에서 입학생 선서를 맡았다.

하지만 그 영광은 곧 부담감으로 돌아왔다.

자사고 1학년 생활은 생각보다 힘겨웠다.

선생님과 친구들의 기대 속에서 치른 첫 중간고사에서,

아이는 전교 25등이라는 결과를 받았다.

"믿는 도끼에 발등 찍힌다." 딱 내 심정이었다.

영어는 특히 충격적이었다.

해리포터 시리즈를 원서로 여러 번 정독하고,

고3 수준의 모의평가에서도 1등급을 받던 아이가

자사고 영어 내신에서는 4등급을 받은 것이다.

큰아이 역시 충격을 받았다.

그러더니 조심스럽게 말을 꺼냈다.

"엄마, 영어 학원 다니고 싶어요!"

그때부터 정보 수집 전쟁이 시작됐다.

영어 내신을 전문으로 하는 학원은 어디인지?

좋은 선생님은 누구인지?

발 빠르게 움직이지 않으면 자리가 나지 않았다.

지인을 총동원했지만, 생각보다 정보는 쉽게 공유되지 않았다.

어렵게 큰아이 친구를 통해 원룸에서 그룹 수업을 하는

유명 강사와 연결이 되었다.

조건은 단 하나.

그룹을 만들어야 수업이 가능하다는 것이었다.

다시 아이 친구들에게 연락하고 조율하며

어렵게 세 명의 그룹을 구성했다.

이후 고3 2월까지 그 수업은 꾸준히 이어졌고,
그 덕분에 영어 내신 성적은 1학기 3등급에서 2학기부터
졸업까지 1등급을 유지할 수 있었다.
결국 2021학년도 수능 영어에서도 만점을 받았다.
영어에서 시작된 하락세는 국어와 수학까지 번졌다.
처음엔 대수롭지 않게 생각했다.
다시 오를 수 있다고 믿었다.
하지만 아이는 말없이 힘들어했다.
학원을 거의 다니지 않고 자란 아이는 혼란스러워했다.
충격이었다.
하나, 둘 과외가 시작되었고,
2학기에는 국어, 영어, 수학 모두 과외를 받게 되었다.
아이의 성적은 다시 올라가기 시작했다.
전교 25등에서 10등, 그리고 전교 2등까지.
눈에 띄는 성장이었다.
이 과정을 통해 나는 배웠다.
자녀 교육에서 방심은 금물이라는 것을…
그리고 이 경험은 나쁘지만은 않았다.
조금 낮게 시작한 내신 성적은 오히려 우상향이라는
성장곡선의 시작점이 되었다.
처음엔 치대를 목표로 했지만, 내신 성적이 계속 상승하면서
고2 무렵 의대로 진로를 수정했다.
본인의 선택으로 들어간 학교였기에

책임감도 컸고, 그만큼 더 치열하게 공부했다.
그 결과,
모든 상위권 대학이 좋아하는 '우상향 성적표'를 만들며
서울 가톨릭 의대에 입학하게 됐다.
만약 중학교 담임 선생님의 말대로 일반고에 입학했다면
이 소도시에서 빅5 의대 진학은 꿈도 꿀 수 없었을 것이다.
하지만 그 이면엔 학업 스트레스와 체중 증가가 있었다.
고2가 되면서 체중은 20kg 이상 증가했다.
아이에겐 우울감이 찾아왔다.
학교는 한 달에 한 번만 외박이 가능했다.
우리 가족은 매주 주말, 아이 기숙사로 향했다.
청소, 빨래, 간식, 생필품.
빠짐없이 챙겼다.
간식도 그냥 주지 않았다.
방울토마토, 삶은 달걀, 영양제.
모두 아이의 다이어트를 고려한 메뉴였다.
하지만 코로나19가 시작되면서 상황은 더 나빠졌다.
학부모 기숙사 출입 전면 금지.
우리는 기숙사 문 앞에 물품만 두고 돌아왔다.
경제적 부담도 컸다.
자사고 학비와 주요 과목 과외를 하며
그 동안 모아 둔 적금을 깨야 할 정도였다.

3. 고교 생기부도, 면접도 '꼬꼬무'다

생활기록부는 "기록"이 아니라 "서사"다
고등학교 입학과 동시에 '생활기록부'라는
단어가 부모 마음에 깊은 그림자를 드리운다.
처음엔 막연하다.
"그거 그냥 선생님이 써주는 거 아닌가요?"
하고 묻는 학부모들이 많다.
하지만 나는 단언한다.
생활기록부는 아이의 대학명을 바꿀 수 있을 정도로
결정적인 변수지만 아이들은 고등학교 3학년에 이르러서야
비로소 그 사실을 깨닫는다.
그리고 부모도 뒤늦게 '생기부 컨설팅'을 받으며 말한다.
"아, 그때 알았더라면 이렇게 하진 않았을 텐데요."
그러나 입시는 후회를 기록하지 않는다.
오직 과거의 '생활'을 문장으로 옮긴 종이 한 장을 통해,
입학사정관들은
그 아이가 어떤 3년을 살아왔는지를 들여다본다.
그런 이유로,
나는 고등학교 1학년 입학과 동시에

생활기록부 관리는 학부모가 함께 해야 한다고 말한다.
자녀들이 흔히 말하는
"내가 알아서 할게요"를 믿지 마라
자녀가 "내가 알아서 할게요."라고 하면
반드시 부모는 질문해야 한다.
"뭘 알아서 할 건데…"
아이들이 아는 것과 현실은 전혀 다르다.
아직 경험이 부족한 고등학생에게 생기부는 자신이
직접 '설계'하고 '연결'하며 '축적'할 수 있는 영역이 아니다.
그렇기 때문에 부모가 함께 방향을 잡고,
흐름을 이어가며, 기록을 남겨줘야 한다.
생활기록부는 단순한 활동 열거표가 아니다.
그 안에는 아이의 성향, 관심, 관찰력, 문제해결력,
그리고 내면의 성장이 모두 녹아 있어야 한다.
이야기가 있어야 하고, 그 이야기는 끊기지 않고
꼬리에 꼬리를 물듯 이어져야 한다.
그래서 나는 이것을 '꼬꼬무 생기부'라고 부른다.

1단계: 넓고 얕게, 그 다음은 좁고 깊게
생기부의 첫 번째 원칙은
'넓고 얕게 시작해서, 좁고 깊게 파고드는 구조'를
만드는 것이다.
예컨대, 고등학교 1학년 초부터

"의사가 꿈이에요"라고 말하는 학생이 있다고 하자.
많은 부모들이 이때부터 당뇨병, 암, 심장질환 같은
임상 분야로 곧장 관심을 좁혀가려 한다.
하지만 그것은 위험한 접근이다.
고교 수준에서는 기초과학에 대한 흥미와 탐구가
우선이어야 한다.
DNA, 염색체, 세포 구조 등 교과서에서 시작된 관심이
2학년, 3학년으로 갈수록 점차 깊어지고 확장되어야 한다.
관심을 좁혀 들어가되,
그것이 '자연스러운 흐름'으로 이어져야 한다.
이때 관건은 '기록의 연속성'이다.
단발적인 보고서나 발표가 아니라,
연결된 문제의식과 점진적인 탐구의 깊이가 보여야 한다.
입학사정관은 그 연속성 속에서 진짜 열정을 읽어낸다.

2단계: 과학만으론 부족하다 - 시야를 확장하라

두 번째 원칙은 '관심의 폭'이다.
단지 의학 분야만을 파고드는 생기부는 흔하다.
입시는 사람을 평가하는 것이지,
전공 지식만 보는 것이 아니기 때문에
과학 외에도 인문, 사회, 철학, 예술, 체육 등
다양한 영역에서 관심과 감수성을 드러낼 수 있어야 한다.
그것이 곧 입학사정관의 궁금증을 자극하는 장치가 된다.

우리 큰아이는 고등학교 1학년 때 『청년 의사 장기려』라는 책을 읽고
그분의 생애와 가치에 매료되었다.
나는 책에서 멈추지 않기를 바랐다.
그래서 온 가족이 함께 인제대학교, 고신의료원,
장기려 기념관을 직접 찾았다.
그날 본인의 두 눈으로 보고 느낀 감정은
짧은 글로 담겼지만, 생기부에는 '진짜 이야기'가 되었다.
둘째 아이는 가톨릭 신자로 신부님 옆에서 복사 활동을 하며
이태석 신부님에 대해 알게 되었다.
그 분의 삶을 영화와 책을 통해 접했고 스스로
"나도 언젠가 저런 봉사를 해보고 싶다"고 말했을 때,
나는 그 말 한마디를 놓치지 않았다.
그 순간이 아이 인성의 중요한 조각이었고,
나는 그 감동의 결을 그대로 생기부에 남겨주고 싶었다.
혹은 음악과 뇌 과학, 스포츠와 생리학, 철학과 의료 윤리를 연결하는
시도도 했다.
융합적 사고를 보여주는 기록은
단순히 '다 잘하는 아이'가 아니라
'생각이 깊고 연결력이 있는 아이'로 읽힌다.

3단계: 본인이 하지 않은 건 기록하지 마라

세 번째, 가장 중요한 원칙이다.
본인이 하지 않은 일은 생기부에 쓰지 마라.

입학사정관은 생각보다 훨씬 예리하다.
단지 문장을 읽는 것이 아니라,
그 활동에 담긴 맥락과 일관성, 구체성을 읽어낸다.
앵무새처럼 외운 면접 답변은 단박에 드러난다.
더욱이, 생기부는 모든 대학에 제출된 후
데이터화되어 5년간 보관된다.
표절률이 비교 분석되며, 다른 학생의 문장과 지나치게
유사할 경우 의심 대상이 된다.
실제로 컨설턴트가 써준 문장으로 생기부를 구성했다가,
면접에서 자신도 이해하지 못하는 내용을 답하다 탈락한
사례도 있었다.
그러니, 생기부는 진짜 내 이야기여야 한다.
부모가 도와줄 수는 있지만, 아이의 언어와 아이의 감정이
담겨 있어야 한다.
그렇다면 이렇게 복잡한 생활기록부 작성을
위한 현실적인 팁은 무엇일까?
학기 중 수행한 모든 활동과 그때 느꼈던 감정까지
고스란히 기억하는 일은 생각보다 쉽지 않다.
그래서 나는 아이가 활동한 직후,
그때의 상황과 감정, 인상적인 행동이나 반응을 간단히 메모해 두는
'포스트잇 메모 습관'을 적극 권한다.
교과서 맨 앞에 포스트잇을 붙여놓고,
수행평가나 발표, 실험 등을 마칠 때마다

"어떤 활동이었는지?",

"어려웠던 점은 무엇이었는지?",

"그때 느낀 점은 어땠는지?"를 간단히 적어두는 것이다.

처음엔 아이가 귀찮아했다.

그래서 내가 대신 썼다.

점차 아이가 글쓰기를 익숙하게 여기게 되었고,

고등학교 2학년이 되면서는 스스로 기록하기 시작했다.

그 작은 메모 하나가,

결국 생기부의 한 줄 문장이 되었다.

그 한 줄이, 아이의 대학 문을 열어주는 열쇠가 되었다.

입시는 기록의 싸움이기도 하다.

그 기록은 거짓이 아닌,

진심과 흐름과 서사의 결과여야 한다.

꼬리에 꼬리를 무는 생기부,

그리고 그 생기부를 그대로 반영하는 면접.

이 두 개가 하나로 연결될 때,

아이의 '이야기'는 대학 문 앞에서 가장 빛난다.

다시 말하지만 출발점을 제대로 잡아주는 것이

부모가 할 수 있는 가장 중요한 일이라고 나는 믿는다.

4. "나를 우리에 가두고 사육해?"

2020년, 아이가 고3이던 해.
코로나19가 모든 일상을 뒤흔들었다.
개학은 계속 미뤄졌고, 수업은 전면 온라인으로 전환되었다.
나는 간호사로 감염 고위험군으로 분류되었고,
매일 긴장의 연속이었다.
그래서 결단을 내렸다.
아이의 학업과 건강을 위해, 따로 작은 원룸을 렌트했다.
혼자 공부하고 생활할 수 있는 공간을 마련해준 것이다.
그게 최선이라 생각했다.
그러던 어느 날, 아이가 마트를 다녀왔다고 말했다.
아이스크림이 먹고 싶어서 잠깐 나갔다고 했다.
그 순간, 참지 못하고 화를 냈다.
그동안 우리가 얼마나 애써왔는지,
그 노력들이 무너지는 기분이었다.
그러자 아이가 울면서 내게 말했다.
'나를 우리에 가두고 사육하냐고…'
그 말이 마음 깊숙이 박혔다.
나도 힘들었지만, 아이 역시 버티고 있었던 것이다.

우리는 서로 다른 방식으로 같은 전쟁을 치르고 있었다.
밤이면 입시 정보를 찾아 유튜브와 블로그를 헤맸다.
정시, 수시, 최저학력기준, 교과전형, 학생부종합전형…
처음 듣는 말들이 너무 많았다.
머릿속이 뒤죽박죽이 되었고,
나이 탓인지 복잡한 입시 구조가 부담스러웠다.
때로는 그냥 포기하고 싶었다.
의대 입시는 특히 더 어려웠다.
전문 컨설팅을 받으려면 몇 천만 원도 각오해야 했다.
그 비용이 아깝다는 생각에 더 현실적인 방법을 찾으려 했다.
운 좋게 비교적 저렴한 학원을 찾아 상담을 받아봤지만,
'의대 준비'라는 말에
학원은 곧바로 고액의 커리큘럼을 제시했다.
결국 조건이 맞지 않아 일이 진행되지 못했다.
컨설팅의 질이냐? 경제적 부담이냐?
선택의 기로에 놓였다.
더 큰 걱정도 있었다.
만약 대치동에서 유명한 전문가의 컨설팅을 받는다 해도,
고1부터 쌓아온 생활기록부의 흐름과 전혀 다른 스타일의
고3 생기부가 만들어질 수 있다는 불안감.
그건 더 큰 리스크였다.
긴 고민 끝에, 아이와 나는 결론을 내렸다.
우리 힘으로 해보자!

절박함은 사람을 바꾸고, 배움에 대한 태도도 바꾼다.
처음엔 너무 어려웠던 블로그와 유튜브의 설명들이
반복해서 보고 듣다 보니 어느 순간부터 귀에 들어오기
시작했다.
자료를 찾다보니 교육 전문가의 의견 중
'고3 겨울방학 동안 과탐 한 과목 정도는 마무리해야 한다'
라는 말에 1월 초부터 생명과학Ⅰ 문제집 두 권을 선택해서
기초 개념과 기출문제를 정리하며 실력을 다졌다.
또한 자기소개서 공통문항(1~3번)을 준비시켰다.
그때는 자기소개서를 제출해야했던 시절이라 미리 써두는 게
중요했다.
일주일에 한 문항씩, 3주 동안 3문항을 정리하게 했다.
하지만 아이는 지쳐 있었다.
코로나로 인한 고립, 고3이라는 무게, 그리고 불확실한 입시.
그 모든 상황 속에서 자기소개서까지 쓰라고 하니,
결국 울음을 터뜨렸다.
"지금 당장 필요하지도 않은 걸 왜 해?"하며 버거워했다.
나는 단순하게 접근했다.
아이가 좋아하는 음료, 한 잔을 미끼로 제안했다.
"일주일에 하나씩만 쓰자. 내가 첨삭 해줄게!"
놀랍게도, 그 작고 단순한 보상이 효과가 있었다.
아이도 알고 있었을 것이다.
그게 단지 음료 때문만은 아니라는 걸.

우리가 함께하고 있다는 믿음이 조금씩 작동하고 있었던 것이다.

그렇게 1월, 2월을 보냈다.

개학은 계속 미뤄졌고, 초조함과 불안이 짙어졌다.

겨우 3월 하순에야 개학을 했다.

4월 모의평가는 개인 평가 방식이었다.

수학 성적이 생각보다 낮아 불안했지만,

결국 수시 입시에선 내신이 핵심이었다.

이 시기엔,

고3 자녀를 둔 부모에게는 믿음이 필요했다.

삶의 중심을 잡아주는 무언가.

종교가 있든 없든, 기도하고 싶은 날들이 많았다.

그게 없었다면 버티기 더 힘들었을지도 모른다.

> **2020년 5월 2일**
>
> 어제는 중간고사 첫날이었다.
>
> 다시 성당 앞에 다녀왔다.
>
> 성모님, 제발…
>
> 우리 아이가 노력한 만큼만
>
> 결과가 나올 수 있게 해 주세요
>
> 그리고 건강만은 잃지 않게 해주세요!
>
> 이렇게 기도하고 나니 마음이 조금 진정됐다.
>
> 사실 위로받고 싶었다.
>
> 흔들리는 내 마음을 어떻게든 붙잡고 싶었다.
>
> 이제 겨우 5월인데…
>
> 앞으로 이 고통은 얼마나 남았을까?
>
> 올해 이 입시를 끝까지 함께 하려면
>
> 나는 내 마음부터 먼저 다잡아야 한다.
>
> 하지만 그게 참 쉽지 않다!

8월.

입시에서 자기소개서 시즌이 본격적으로 시작되는 시기였다.

다행히 우리 아이는 이미 초안을 써놓은 상태였다.

미리 준비해두었던 덕분에 자기소개서는 짧은 시간 안에

완성할 수 있었고, 이후에는 수능 공부에 몰입할 수 있는
여유가 생겼다.

그때 아이가 내게 건넨 한마디.

"엄마 덕분에 수능에 몰입할 수 있어서 고마워요."

그 말을 듣는 순간, 마음이 뭉클해졌다.

그러나 입시는 언제나 예측을 뒤엎는다.

그해, 코로나19로 인해

수능 시험일이 2주 연기된다는 발표가 나왔다.

전례 없는 상황이었다.

당황스러웠지만, 입시 일정은 그대로 흘렀다.

우리는 혼란스러운 마음을 안은 채

9월에 수시 원서를 접수해야 했다.

그때부터 나의 일상엔 커피가 빠지지 않았다.

긴장과 불안, 그리고 선택의 연속 속에서

하루에도 몇 잔씩 커피를 들이키며 마음을 달랬다.

우리는 학생부종합전형을 준비하고 있었다.

자기소개서, 생활기록부, 면접, 수능 최저 등

모든 것을 동시에 고려해야 했다.

하나라도 흐트러지면

수시 전형 전체가 흔들릴 수 있는 구조였다.

지원 대학을 결정하는 과정도 결코 쉽지 않았다.

담임 선생님과 여러 차례 상담을 진행했고,

그 결과 서울 가톨릭 의대 학교장 추천을 어렵게 받을 수 있었다.

큰 기쁨이었지만, 또 다른 벽이 있었다.

바로 수능 최저학력기준이었다.

서울 가톨릭 의대는 '3합 4'의 기준을 제시했다.

(예: 국어 1등급 + 수학 2등급 + 영어 1등급= 합 4 → 기준 충족)

다른 대학에 비해 최저학력기준이 낮은 편이었지만,

실제로 학교 선배들 중에서도 이 기준을 맞추지 못해

불합격한 사례가 있다는 이야기를 들으니 긴장감이 커졌다.

우리는 수시의 주요 승부처를 서울 가톨릭 의대로 잡았고,

그 외에도 서울대, 연세대, 울산대, 경희대, 한양대 의대에

수시 원서를 넣었다.

말 그대로, 수시에서의 총력전이었다.

주변에서는 걱정스러운 시선으로 바라보기도 했다.

"빅5 의대를 수시로 4곳이나 넣는 건

너무 위험한 전략 아닌가요?"

그 우려가 틀린 말은 아니었다.

하지만 우리는

전략을 세우고 그 전략에 확신과 절박함을 실었다.

기회는 많지 않았다.

우리 방식대로 가보기로 했다.

입시는 늘 예측보다 준비가 중요했다.

예상보다 결과가 늦게 와도, 그 사이 준비가 되어 있다면

우리에겐 흔들림 없는 선택이 될 수 있다고 믿었다.

수시 원서를 접수하고 나니 잠시 착각에 빠졌다.

마치 이미 합격한 것처럼 마음이 살짝 들떴다.

입학할 대학을 고민해보기도 했다.

하지만 곧 깨달았다.

입시는 끝나지 않았고,

앞으로 벌어질 일은 누구도 예측할 수 없다는 것.

그리고 그 예감은 틀리지 않았다.

9월 모의평가.

수학 과목에서 예상치 못한 실패를 경험했다.

순간 아이의 표정이 굳어졌다.

하지만 무너지지 않았다.

잠시 후, 아이가 조용히 말했다.

"이제부터 수능까지 60일, 진짜 다시 시작이야!"

그 말 한마디에 아이의 각오와 절박함이 고스란히 느껴졌다.

그날 이후, 아이는 스터디 플래너와 타이머를 활용해

철저하게 일과를 계획했다.

시간 단위로 공부를 관리했고, 남은 모든 자원을 집중했다.

필요한 교재는 내가 직접 챙겼다.

기숙사에 있을 땐 배송으로 바로 도착하도록 신경 썼다.

그저 아이가 흔들림 없이 공부에만 몰두할 수 있도록.

그렇게 시작된 마지막 60일.

아이의 하루 평균 공부 시간은 18시간에 가까웠다.

식사와 생리 현상을 제외한 모든 시간은 공부로 채워졌다.

놀랍게도, 그 시간 동안 아이는 단 한 번도 흔들리지 않았다.

특별한 말도, 드라마 같은 장면도 없었다.
그저 묵묵히, 자신과의 싸움을 계속해나갔다.
그 60일은, 고요한 폭풍 같았다.
거칠게 휘몰아치지는 않았지만, 그 안에는 폭발할 듯한 긴장과 응축된 에너지가 흐르고 있었다.
나는 그 시간을 그저 지켜보는 것 외엔 할 수 있는 게 없었다.
아이도 나도, 그날들을 절대 잊지 못할 것이다.

5. 수능 날, 초콜릿과 손편지

2020년 12월 3일.
내 인생 처음 맞이하는 수능 날.
수험생은 아이였지만,
마음은 부모인 나도 크게 다르지 않았다.
새벽 5시에 일어나,
아이가 부탁한 대로 죽을 보온병에 담았다.
시험 중 소화에 무리가 가지 않도록, 아이의 의견을 존중했다.
2시간 운전 끝에 도착한 고등학교 인근.
기숙사의 불은 환하게 켜져 있었고,
아이들은 긴장과 불안이 섞인 표정으로 움직이고 있었다.
그 무리 속에서 아이를 발견했을 때,
안도감과 함께 다시 긴장감이 밀려왔다.
아이를 차에 태우고 시험장으로 이동하던 중,
극도의 긴장으로 내 얼굴에 경련이 일었다.
감정을 감추려 애썼다.
내 불안이 아이에게 전해질까 봐 두려웠다.
고사장 앞에서 아이를 들여보내는 순간,
그저 바라보는 것 밖에 할 수 없었다.

그날은 코로나19로 인한 격리자들도
따로 시험을 치르고 있었다.
앰뷸런스와 방호복 차림의 의료진들이 시험장 안팎을 오갔다.
수능을 무사히 치르는 것만으로도 감사해야 하는 해였다.
시험이 시작되자, 나는 가까운 성당으로 향했다.
아이의 정서적 안정을 빌며 평일 미사를 드렸다.
그리고 시험 과목이 끝날 때마다 꺼낼 수 있도록
귤 한 개, 초콜릿 몇 개, 그리고 손 편지 한 장씩
아이의 간식 가방에 넣어주었다.
내 마음을 고스란히 담아, 시험 사이사이 잠시라도
웃을 수 있기를 바라는 마음으로…
하루 종일, 나는 고사장 주변을 떠나지 않았다.
1교시부터 마지막 4교시까지, 그 시간을 함께 견뎠다.
수능 종료 종이 울리고, 40분쯤 지나서야 아이가 나왔다.
얼굴을 살폈다. 다행히 어둡지 않았다.
조심스레 물었다.
"어땠어?"
"수학, 한 문제 틀린 것 같아!"
그 말을 듣자,
나도 모르게 외쳤다.
"넌 어느 의대든 가겠구나!"
그건 확신이자, 그간 쌓여 있던 감정의 해방이었다.
그리고 수시 1차 서류평가 발표.

서울대, 연세대는 불합격.
마음이 무거워졌지만,
서울 가톨릭 의대, 경희대 의대는 1차를 통과했다.
2차는 면접이었다.
우리 가족은 서울에 연고도 없었고,
고액 학원에 등록할 여유도 없었다.
결국 모든 걸 스스로 준비해야 했다.
유튜브, 인강, 가족 면접, 스피치 자료 등
우리가 할 수 있는 건 모두 동원했다.

2020년 12월.
우리는 거의 매주 서울로 향했다.
논술, 면접, 다음 시험…
숙박과 이동이 반복됐고,
이 과정에서 아이가 혹시라도 감염될까봐
식사는 대부분 차 안에서 도시락으로 해결했다.
심지어 화장실도 참으며 대기한 적이 많았다.
그 모든 시간을 지나
가장 먼저 발표된 울산대 논술 최종 결과.
예비번호 11번.
200대 1의 경쟁률 속에서
현역으로 11번을 받았다는 건 기적 같았다.
그리고 마침내 서울 가톨릭 의대, 경희대 의대 최종 합격.

그 순간의 감격은 말로 다 할 수 없었다.

모든 것이 보상받는 기분이었다.

그 기쁨 속에서도 마음 한편은 조용히 나를 찔렀다.

"혹시 내가 간호사로 살면서

의사에 대한 동경을 아이에게 투영한 건 아닐까?

혹시 아이를 아바타처럼 키운 건 아닐까?"

그 질문은 지금도 완전히 지워지지 않는다.

하지만, 딸은

지금 의대생으로 자기 길을 성실히 걸어가고 있다.

그 모습을 보며

이제는 그 시절을 조금은 따뜻하게 돌아볼 수 있게 되었다.

Q. (의대생 누나가) 고3 수험생들에게 해주고 싶은 말은?

고3이라는 말만 들어도 숨이 턱 막힐 거예요.

해야 할 건 너무 많은데 시간은 부족하고,

남들은 알아서 잘하는데 나는 제자리걸음인 것 같고.

저도 그랬어요.

하루하루가 버거웠고 매일매일이 불안했어요.

하지만 돌아보면 그 시간이 꼭 나쁘지만은 않았던 것 같아요.

지금의 저는 알아요.

그 시간들을 얼마나 잘 버텼고,

그 덕분에 제가 얼마나 성장했는지를요.
수시든 정시든, 정말 가고 싶은 곳이 있다면
지금 이 시간을 집중해서 보내세요.
원하는 대학을 한 번에 붙을 수도 있지만,
당연히 6곳 다 떨어지는 일도 있을 수 있어요.
하지만 그게 끝은 아니에요.
수능이든 면접이든 다시 준비하면 됩니다.
정시도 결국
여러분이 원하는 대학으로 가는 또 하나의 길이니까요.
출발하기엔 이미 늦었다고 느낄 수도 있지만, 괜찮아요.
저도 수시를 전부 끝낸 여름방학이 되어서야
수능 대비 겨울방학 인강 커리큘럼을 시작했어요.
다들 심화 문제를 풀고 있을 때
혼자서 개념 강의를 듣고 있었죠.
그래도 따라잡으려고 매일매일 달렸어요.
중요한 건 '휘둘리지 않고 내 페이스를 유지하는 것'이에요.
똑같이 한정된 시간이라면
조급해하는 것보단 노력하는 데에 쓰는 게 낫잖아요.
이 순간 최선을 다하는 것보다 더 나은 선택지는 없어요.
만일 혼자서 견디기 힘들 때가 찾아오면
주위에 도움을 청하는 것도 한 방법이에요.

마음속에 계속 쌓아두다 보면
그게 결국 슬럼프로 돌아오기도 하니까요.
필요한 게 위로든 조언이든 혹은 다른 것이든
전부 스스로에게서 찾아내기엔 조금 벅차잖아요.
제 경우에도 자소서 첨삭, 고민 상담, 이런저런 간식들,
그리고 시험장 안에서 매 교시가 끝날 때 펼쳤던 편지까지
받았던 모든 도움들이 정말 큰 힘이 되었거든요.
수험 생활이라는 건 분명 벅차고 힘들게 다가올 거예요.
하지만 그 시간을 보내면서 여러분은
더 많은 걸 배우고 견디며 단단해질 거예요.
그러니까 지금 포기하지 마세요.
지칠 때는 하루에 한 걸음씩만 내딛어도 좋아요.
그 한 걸음이 여러분을
진짜 원하는 곳에 데려다줄 테니까요.
진심으로 응원합니다.

의대생 누나의 고등 공부 비법

1. 선행

   수학: 선행은 꾸준히.

   　　　개념을 빠르게 접해 두면 심리적으로도 여유 생김.

   영어: 선행보다는 기본 실력 자체를 키우는 게 중요.

   　　　특히 단어는 많이, 자주 외우기.

   국어: 외부 지문이 내신에 출제된다면 선행은 필수.

   　　　수능을 생각하면 기본 독해력을 꾸준히 키워야 함.

   과학·사회: 기본 개념 위주로만 접근해도 충분함.

2. 내신 공부

   수학: 교과서 문제 여러 번 반복.

   　　　대단원·중단원 평가 중심.

   　　　수업 시간 강조 내용 정리 필수.

   　　　오답노트 꼭 만들기.

영어: 교과서 지문은 문장까지 외울 것.

　　　단어는 매일 외우고 복습.

　　　중요 지문은 문장 배열·빈칸추론 대비.

국어: 자습서 활용해서 지문 분석.

　　　기출 문제집은 외부 지문 대비용으로 활용.

　　　고전시가 등 문학 작품은 틈틈이 반복.

과학·사회: 시험 기간엔 문제집 2~3권 풀기.

　　　문제 유형 익히고 오답 복습.

3. 모의고사

　공통: 수능 준비처럼 접근.

　　　주말에 실제 시간 맞춰 연습.

　　　1~2학년은 기출 3개년 반복.

　국어: 문법은 헷갈리기 쉬우니 반드시 정리.

　　　문학은 작품 정리 필수.

　　　비문학은 기출 중심으로 감 잡기.

4. 인강

　한 강사만 끝까지 따라가야 실력 쌓임.

　수능 위주로 듣되, 수학·사회·과학은 내신과 병행 가능.

　수강 대상자(상·중·하위권) 맞춰 선택해야 효과 있음.

5. 중요 포인트

　학원 숙제는 무조건 성실하게.

　인강 듣다 좋았으면 다시 듣기.

　노래 끄고 집중.

　졸리면 서서 공부하거나 15분 눈 붙이기.

　수행평가는 성적 반영 크니까 놓치지 않기.

　시험은 시간 분배가 생명.

　모르는 문제는 별표 치고 나중에 풀기.

　생기부 활동은 바로바로 메모 (방학 지나면 기억 안 남.)

6. 공부 루틴 예시

　평일: 학원 과제 + 수행평가 준비 + 인강 + 내신

　주말: 수능·모의고사 문제 풀이 + 선행

　시험기간: 내신 집중(수능/선행은 일시 중단)

PART 6

열아홉, 선택의 문 앞에서
- '이 또한 지나가리라'

1. 킬러문항이 던진 혼돈

2023년, 수능을 150일 앞두고
정부는 '킬러문항 배제' 방침을 발표했다.
고3 수험생의 부모 입장에서 그 뉴스는 마치 청천벽력 같았다.
하필, 왜 우리 아이가 고3일 때?
첫째는 코로나19로,
둘째는 갑작스러운 수능 출제 방향 변경으로
각자의 고등학교 마지막 해를 혼란 속에 보내야 했다.
그 무렵부터 나는 연이은 뉴스 보도에 긴장했고,
밤잠을 설치며 불면에 시달렸다.
아이와 나는 매일같이 입시 전략을 두고 충돌했다.
수능 준비를 어떻게 다시 설계해야 할지,
앞으로 나아가야 할 방향이 보이지 않았다.
둘째 아이는 내신에 부담을 느끼며 정시로 방향을 틀고
싶어 했다.
하지만 나는 그게 얼마나
위험한 선택인지 누구보다 잘 알고 있었다.
태어나서 19년을 한 길만 보고 달려왔는데, 그 모든 노력이
단 하루 수능 당일에 결정된다는 건 너무도 아찔한 일이었다.

수시를 통해 분산된 기회를 갖는 것이 훨씬 안정적이었다.
그럼에도 아이는 자신의 눈높이에서 세상을 판단했다.
아이는 현실보다 꿈을 앞세웠고,
나는 현실 앞에서 점점 불안해졌다.
현역에게 정시는 모험이라는 걸 누구보다 잘 알고 있었기에 갈등은 깊어졌다.

2023년 6월 27일

왜 이렇게 힘든 걸까?
고3이라는 이 시기,
나와 아들은 매일 전쟁을 치르고 있다.
어제 저녁 아들과 말다툼을 했고,
오늘 아침에 또 싸웠다.
지금은 수행평가와 기말고사에
집중해도 시간이 빠듯한데,
아들은 6월 모의평가가 끝나자마자
수능에만 집착하고 있다.
내 눈에는 내신이 먼저인데,
아들은 받아들이지 않는다.

아들은 정신적으로는 한계에 다다랐다고 했다.
수능이 150일밖에 남지 않았다는 현실이
그 아이를 더욱 예민하게 만들고 있다.
나는 차분하게 말했다.
"초, 중, 고 12년을 달려왔고, 이제 결실의 시기야.
엄마가 경제활동을 하는 이유는 너와 누나 때문이야.
재수는 생각 말고, 몇 달만 최선을 다해줘.
좋은 결과로 엄마의 조기 은퇴를 도와줘.
이제 결승선이야. 다 왔어!"
진심이었다. 아니, 꼭 그렇지 않다는 걸 알면서도
아이에게 희망을 주고 싶었다.
엄마로 산다는 건, 자식에 대한 책임을 다하는 것이며,
그것이 나를 움직이게 하는 힘이다.
수행평가, 기말고사, 7월 모의평가,
생기부 정리가 한꺼번에 몰렸다.
나는 아들과 함께 진을 뺐다.
기숙사에 면회를 가 저녁을 먹는데,
아들은 말없이 밥만 먹었다.
마치 금방이라도 깨질 것 같은 유리잔 같았다.
말 한마디 건네기도 조심스러웠고,
그 모습이 마음을 찢어놓았다.
고3이라는 시간은 청춘에게 너무 가혹했다.
하고 싶은 것도, 보고 싶은 것도,

먹고 싶은 것도 많은 나이에

반복되는 일상과 압박감 속에서 살아간다는 게 안타까웠다.

이 무렵부터 나는 다시 커피에 의존하기 시작했다.

아들의 숨소리 하나에도 마음이 요동쳤고,

머리와 마음을 달래기 위해

커피 없이는 하루를 견딜 수 없게 되었다.

2. 수시, 선택의 무게 앞에서

8월 초,
과학탐구 2과목 선택 앞에서 엄청난 고민에 빠졌다.
둘째는 원래 화학Ⅰ을 준비하고 있었지만,
주변에서 지구과학Ⅱ로 갈아타는 친구들이 늘어나면서
고민이 깊어졌다.
화학Ⅰ은 매우 잘해야 1등급이 가능한 과목이고,
한 문제만 실수해도 3등급까지 떨어질 수 있는 과목이다.
서울대를 목표로 한다면
물리나 화학 계열 과목은 필수이지만, 그만큼 리스크도 컸다.
나는 말하지 않았다. 결정은 아이의 몫이라 여겼다.
부모가 정한 선택은 나중에 원망의 대상이 될 수 있으니,
모든 결과를 스스로 감내하게 하기 위해서였다.
한편, 수능 최저 기준에 대한 걱정도 커졌다.
아들은 자신만만해 했지만,
나는 현실적으로 쉽지 않다고 판단했다.
수능 최저가 낮은 대학을 찾아보고 싶었지만,
내신이 약해 학생부 교과전형으로는 지원이 어렵고,
학생부 종합전형은 대부분 수도권에 몰려 있었다.

또, 아들은 여전히 수도권 의대만을 고집했다.

2023년 7월 27일

수능이 D-107이다.

이번 여름방학,

심기일전해서 9월 모의평가에 성공했으면 좋겠다.

그래야 수시 6장을 자신 있게 쓸 수 있을 텐데

고3이라는 시기는 정말 고통스럽다.

아들은 아직 생기부의 늪에서 빠져나오지 못하고 있다.

본인은 다 끝났다고 생각했는데,

선생님들께서는 계속 수정을 요구하고 계신단다.

결국 8월 15일까지는 수능에만 집중하기는 어려울 것 같다.

8월 16일이면 수능이 딱 90일 남는다.

벌써 마음이 무겁고, 가슴이 떨린다.

우리 아들의 운명은 어디로 향할까?

날씨도 이렇게 더운데,

아이는 얼마나 더 힘들까?

올해는 재수생도 많다는데......

수시 6개를 어디에, 어떻게 써야 할까?

> 정리되지 않은 마음속에서 주문을 외워본다.
> 행운 있어라.
> 행운 있어라.
> 큰
> 행운 있어라……

여름방학 동안
아들은 수능 패턴에 맞춰 생활했다.
아침 6시 반 기상, 도서관 입실,
점심과 저녁 식사 시간 외에는 온전히 공부에 집중했다.
여유를 누릴 새도 없이 하루하루가 지나갔다.
인스턴트 음식을 먹는 것으로
스트레스를 푸는 모습을 보며,
나는 잔소리 대신 묵묵히 지켜보기로 했다.

8월 19일, 고3을 위한 학부모 설명회가 열렸다.
담임 선생님과의 상담에서
수시 6장 중 1장을 바꿔보자는 이야기가 나왔다.
나는 경희대 의대를 고집했지만,
선생님은 한양대 의대를 추천하셨다.
당시에는 별 차이 없어 보였지만,

나중에 돌아보니 그 한 장의 선택이
현역 합격과 재수의 갈림길이었음을 깨달았다.
수시 전략은 단순히 점수를 바탕으로 한 계산이 아니었다.
마음속 바람과 부모의 기대,
아이의 고집이 뒤엉킨 복잡한 방정식이었다.
전교 1등 학생이 수시 지원 대학을
결정하지 않아 기다려야 했던 현실은 더욱 답답했다.

3. 혼돈의 추석, 면접에 올인하다

8월 30일, 성균관대 의대 설명회를 다녀왔다.
입학사정관과의 1:1 상담에서 우리 아이의 가능성을 확인
했고, 그날 이후 우리는 본격적인 면접 준비에 돌입했다.
설명회 중 들은 이야기는
우리 가족의 전략에 강한 확신을 주었다.
특히 입학사정관의 말이 인상 깊었다.
"학원에서 연습한 답변은
MMI 면접이 길어질수록 금세 들통 납니다.
아이 본인의 언어로 답하는 연습이 중요합니다."
이 말이 결정적이었다.
우리는 대치동 학원이 아닌
가족 중심의 맞춤형 면접 훈련을 선택했다.
면접 질문을 30개로 정리해
아이에게 맞는 대답을 찾아가는 과정이었다.
아이의 생기부를 토대로 예상 질문을 만들고,
자기소개를 반복해서 다듬었다.
내신, 모의고사, 활동기록 등
모든 요소를 한 문장으로 연결하는 연습도 함께 했다.
2023년 추석 연휴,

아들은 봉투 모의고사를
수능 시간표대로 풀며 실전 감각을 유지했다.
아들과 나는 저녁마다
하루 2시간씩 마주 앉아 질문과 답변을 주고받았다.
처음에는 버벅거리던 아들도
점점 논리적으로 말하는 힘을 키워갔다.
면접 태도, 시선 처리, 손의 움직임까지 꼼꼼히 피드백 했다.
때로는 동영상을 촬영해 스스로를 돌아보게도 했다.
어느새 우리 집은 작은 면접 학원이 되어 있었다.
그 사이에도 나는 식사 준비, 간식 챙기기, 컨디션 관리
까지 도맡았다.
고액 면접 학원은 생각도 하지 않았다.
정보는 스스로 찾고, 표현은 가족이 함께 다듬는 방식.
불안할 때도 있었지만, 이것이 우리가 택한 방식이었다.
10월 20일부터 22일까지
재량방학으로 아들은 다시 집에 머물렀다.
나는 엽기떡볶이, 고기, 쫄면, 햄버거 등
아들이 좋아하는 음식을 챙겼고,
그 시간 동안 아들은
인강과 모의고사, 면접 대비로 시간을 보냈다.
짧은 휴식이지만 중요한 준비의 연장이었다.
이 모든 시간 속에서,
나는 부모로서 할 수 있는 최선을 다하고 있었다.

4. 서울대 의대 1차 합격과 다시, 무너짐 앞에서

2024년 11월은
많은 생각을 하게 했고 참 힘들었다.
예상치 못하게 수능을 망쳤다.
아들은 여러 가지 핑계를 댔다.
나는 깨끗하게 승패를 인정하지 못하는 모습에 화가 났다.
그러나 잠시 후, 그동안 읽었던 책들에서 얻은 평정심으로
아들을 안아주며 말했다.
"힘들었지?"
그 순간, 180cm의 거구가 엉엉 울었다.
한참을 울고 나서야 진정되었고, 나도 함께 울었다.
아들이 좋아하는 치킨을 먹이고 축구를 보게 한 뒤 재웠다.
다음 날 새벽, 간단히 아침을 챙겨 먹이고 학교에 보냈다.
'수능 성적 맞춰 어디든 가면 된다!'고 생각했지만,
그동안 그렇게 열심히 자신을 이끌고 노력한 아들이
실망할까 봐 걱정이 앞섰다.
이럴 땐 '왜 내가 부족했던 부분만 생각나는 것일까?'
고액의 MMI 면접을 시켜 주지 못한 것,
대입 컨설팅을 받지 않은 것,

족집게 과외를 못 시켜준 것……
결국 부모의 경제력과 정보력일까?
나의 자녀 교육관은 '부족함이 있어야 목표의식을 갖고
자신에게 최선을 다한다'였는데 잘못된 것이었나?
별별 생각이 다 들었다.
그러다 다시
'그래, 재수시키자.
열심히 벌면 그 정도는 할 수 있어!'
그렇게 마음을 다잡았다.
수능 성적 발표와 대학들의 합격자 발표가 이어지면서
온 신경이 아들의 입시에 집중됐다.
큰아이 때의 경험으로 둘째는 조금 수월할 줄 알았지만,
수능은 망쳤고, 수시도 줄줄이 불합격. 절망감이 몰려왔다.
화를 내고 싶었지만,
전날 읽은 『인생수업』의 한 구절이 떠올랐다.
'내 마음이 이 정도면 본인은 얼마나 더 힘들겠어?'
결국 아들에게 "잘 먹고 푹 쉬자!"는 말밖에 할 수 없었다.
'건강이 최곤데, 큰 병 없이 자란 게 얼마나 다행인가!
그럼 됐지!'
법륜스님의 말처럼 생각을 전환하려 애썼다.
그러자 신기하게도 마음이 편해졌고, 스트레스도 줄었다.

11월 23일.

아들은 수시 발표에서 불합격 소식을 전해왔다.

"아들, 미안해…."

아들은 "엄마가 뭐가 미안해?" 했지만, 나는 그저 고개를 떨궜다.

수시 전략을 더 치밀하게 세웠어야 했던 건 아닐까?

컨설팅이라도 받았더라면 결과가 달랐을까?

모든 게 내 책임 같았다.

그리고 그 다음 날, 기적 같은 소식이 들려왔다.

전혀 기대하지 않았던 서울대 의대에 1차 합격한 것이다.

아들은 담담하게 전화를 했지만, 나는 핸드폰을 들고 덜덜 떨었다.

눈물이 왈칵 쏟아졌고,

기쁨과 안도, 충격과 감사가 뒤섞였다.

'서울대'라는 세 글자가 이렇게 벅찰 줄은 몰랐다.

다음 날, 아들은 학교에 등교했고,

선생님들의 반응은

"네가 왜 여기 있니?"였다며 웃었지만,

내 마음은 여전히 무거웠다.

면접 준비가 걱정이었다.

결국 아들은 물었다.

"엄마, 나 면접 학원 안 보내줘?"

나는 단호히 말했다.

"엄마가 알아볼게."
그날 오후, 나는 곧바로 면접 학원 정보를 검색하고
예약 전쟁에 돌입했다.
몇 차례 실패 끝에 몇 개 타임을 확보했고, 숙소도 예약했다.
아들은 체험학습을 신청하고 집으로 왔다.
우리는 본격적인 면접 준비에 들어갔다.
인사법, 말투, 표정, 시선 등
모든 비언어 요소를 영상으로 찍으며 피드백 했다.
예상 질문 리스트를 만들고
답변을 정리해 단권화 자료도 준비했다.
서울로 올라간 후에는 학원을 오가며
하루 두 세션씩 수업을 듣고,
이동 중에는 차 안에서 계속 면접 연습을 했다.
늦은 밤엔 찜질 수면 안대와 아로마 테라피로
긴장을 풀어주며 아이를 보살폈다.
나는 매 순간 기도했다.
'이 아이의 노력이 보이게 해 주세요.
어떤 결과가 나오든 후회 없도록 해 주세요!'
그리고 다시 다짐했다.
우리는 이미 충분히 해냈다고.

2023년 12월 11일

누가 알리오

이 마음을?

의대를 보내는

다른 학부모들도 이 마음일까?

위로받고 싶지만,

그 누구에게도 연락할 수 없다.

서로가 서로에게

상처 줄 수 있는 말들은 피해야 하니까.

말 많은 나는 더 힘들다.

밥을 먹어도,

누워 있어도,

근무를 해도

아게 다시 정시로 이어진다면,

얼마나 더 긴 시간을 이 감정과 함께 견뎌야 할까?

큰아이 땐 겪지 않았던

경험을 지금 하고 있다.

항상 긍정적인 둘째도

은근히 압박감을 받고 있는 듯하다.

그래도 혼자 묵묵히 견디는 모습이 대견하고,

> 동시에 현실이 참 슬프게 느껴진다.
> 그래, 긍정적으로 생각하자.
> 긍정적으로……

결국, 우리 아들은 서울대 의대 최종합격에는 이르지 못했다.
기대가 컸던 만큼 실망도 컸다.
발표를 기다리는 며칠은 숨 막힐 정도였고,
결과 이후 집 안은 정적뿐이었다.
아이는 말이 없었고,
나는 침묵의 무게에 눌려 곁에 앉아 눈물을 훔쳤다.
그리고 우리는 재수를 선택했다.
긴 고민 끝에 아이는 다시 책상에 앉았고,
나는 커피를 끓였다.
다시 시작되는 여정,
그러나 이번엔 더 단단해진 마음으로 함께 걷기로 했다.

Q. (의대생 오빠가) 고3 수험생들에게 해주고 싶은 말은?

수능 끝나고 나면
누구나 아쉬움이 남아요.
저는 특히 수능이 가장 아쉬웠어요.
지금 생각하면,
그때 조금만 더 열심히 했더라면 어땠을까 싶더라고요.

제가 그때 했던 가장 큰 착각은
6월, 9월 모의고사로 수능을 예측했다는 거였어요.
국어는 두 번 다 1등급을 받았고,
문제도 무난해서 수능도 비슷하겠지… 했죠.
근데 막상 수능 날,
언어와 매체랑 문학이 정말 어렵게 나왔고,
결국 국어 3등급을 받고 말았어요.
그게 대입 실패로 바로 이어졌고요.
그래서 저는 수능은 절대 예측하는
시험이 아니라는 걸 뼈저리게 느꼈어요.
쉬울 수도 있고, 어려울 수도 있어요.
모의고사 성적에만 의지해서 공부하면
진짜 시험에서 흔들릴 수밖에 없어요.
그래서 꼭 전하고 싶은 건,

기본을 정말 탄탄하게 만들어야 한다는 것이에요.
문제 유형이 어떻게 나오든,
어느 정도는 커버할 수 있을 만큼은요.
고3 시기, 하루하루 버티기 정말 힘들죠.
근데 지금 여러분이 쌓는 공부,
그건 언젠가 반드시 여러분을 지켜줄 실력이 될 거예요.
수능은 단 하루지만,
그 하루를 위해 보낸 시간은 절대 헛되지 않아요.
예상이 무너졌을 때 무너지지 않을 실력,
그게 진짜 실력이라는 걸 꼭 기억했으면 해요.
진짜로, 그게 입시의 마지막 순간까지
당신을 버티게 해줄 무기니까요.

5. 재수의 기록 – 고통과 희망 사이에서

2023년 12월 16일.
수시 최종 합격자 발표가 있었다.
아들과 나,
12년을 함께 달려온 입시 여정이
이렇게 허무하게 끝날 줄은 몰랐다.
아들은 참았던 울음을 터뜨렸고, 나도 함께 울었다.
함께 경쟁했던 친구들은 의대에 합격했다는 소식이
더해지자 아들은 자신만 뒤처졌다는 생각에
깊은 자책에 빠졌다.
그 모습을 지켜보는 내내 마음이 무너졌다.
무엇보다도,
수시 지원 과정에서 담임 선생님의 권유를 무시하고
내가 끝까지 고집한 학교에 지원했던 터라
아들의 그 자책이 모두 내 탓처럼 느껴졌다.
그날 밤,
나는 창밖을 바라보다 다시 울었다.
아들의 눈물은 곧 나의 눈물이었고,
재수라는 단어가 이렇게 힘들 줄은 몰랐다.

주변에서는 "당신 에너지 아껴야 해!"라고 말했지만,
엄마라는 이름 앞에서 모든 다짐이 무너졌다.
재수를 결심하며 들었던 많은 조언들.
"본인에겐 한 번쯤은 좋은 경험이지만, 부모는 정말 힘들다."
그 말의 무게를 나는 이제야 실감한다.
결과가 좋으면 보람이 있지만,
그렇지 않으면 모든 게 무너진다.
무엇보다 중요한 건 아이와 부모의 멘탈이라는 걸,
우리는 그때 고려하지 못했다.
아들은 극도의 불안 속에서 재수를 결심했다.
처음에는 기숙형 학원을 고려했지만,
폐쇄적인 분위기보다 자유도가 높은
재수종합학원이 아들의 성향에 더 맞는다고 판단했다.
다행히 큰아이가 자취 중인 지역에서
통학 가능한 대치동의 학원을 선택할 수 있었다.
아들은 말했다.
"나니까 이런 학원 다니는 거지,
다른 애들은 성적 안 돼서 못 와!"
당당함인지, 뻔뻔함인지, 나는 어이가 없었다.

2024년 2월 19일.
아들의 재수가 시작되었다.
그러나 불과 2주 만에 아들은 이탈을 고민했다.

학원의 규율, 공부량, 반복되는 자습과 수업은
아들에겐 너무도 벅찼다.
심지어 화장실이나 식사 시간에도
잡담이 금지된 시스템 속에서,
마치 문제 푸는 기계가 된 느낌이라고 했다.
그 이야기를 듣고 나는 속상했다.
이렇게 좋은 환경을 만들어줬으니
경제적 부담만 감당하면 될 줄 알았지만,
현실은 달랐다.

3월이 되자 아들은
자신만의 루틴을 고수하겠다고 선언했다.
나는 "관성의 법칙"을 강조하며
정확한 기상, 정확한 취침,
정확한 시간에 공부해야 한다고 주장했지만,
아들은 단호히 거절했다.
결국 우리는 타협했고, 서서히 적응해 나갔다.

5월. 무기력감이 찾아왔다.
수시로 밀려오는 좌절과,
다시 찾아오는 희망이 교차했다.
하루하루가 전쟁 같았다.
아이의 마음을 다잡기 위해선

당근과 채찍이 모두 필요했다.
아이의 작은 변화에도 민감하게 반응해야 했고,
나는 정신적 피로에 조금씩 갉아 먹히고 있었다.

6월 전국 모의평가에서는
비교적 안정적인 성적을 받아 한숨을 돌릴 수 있었다.
특히 재수하며 선택한 화학Ⅱ 과목에서
성과가 나와 조금 안도가 되었다.
하지만 이내 다시 긴장감이 밀려왔다.
아들은 정서적 힐링을 핑계로
늦어지는 귀가, 잦은 외출을 반복했다.
나는 다시 아이의 일상을 의심했고,
무너지는 멘탈을 붙잡기 위해 애썼다.

7월. 한여름 더위에 아들이 아팠다.
잦은 설사로 식사를 제대로 못했고, 집중도도 떨어졌다.
병원을 다녀온 뒤 나아졌지만, 불안은 쉽게 사라지지 않았다.
아들을 보살피고 싶다는 마음과
직장을 다녀야 한다는 갈등이 수시로 찾아왔다.
'왜 나는 쉬지 못하고 일만 해야 하나?' 하는
회의감도 깊어졌다.

8월 초, 수시 컨설팅을
앞두고 학원에서 연락이 왔다.
상담 시간은 단 1시간,
그것도 남편 혼자 다녀와야 했다.
함께 가야 했지만, 일정을 맞출 수 없었다.
컨설팅 결과는 충격적이었다.
작년에 비해 눈에 띄게 낮아진 대학 리스트.
'현역 시절 제대로 된 조언을 받았더라면 어땠을까?'
또 한 번의 아쉬움이 밀려왔다.
아들의 자신감은 바닥을 쳤고,
수시 지원은 안정 위주로 결정되었다.
나는 마음속으로 '삼수만은 막자'고 되뇌었다.
수능 원서 접수를 위해 아들이 고향에 내려왔다.
나는 또 다시 분노했다.
원서 접수 후 바로 공부할 생각은 안 하고
여유를 부리는 아들의 모습에 폭발하고 말았다.

9월 모의평가 성적은 좋았다.
하지만 시험이 쉬워서 의미는 크지 않았다.
수시 지원을 마치고도 내 감정은 계속 흔들렸다.
불면증, 조바심, 우울감.
나는 명상과 기도로 하루하루를 버텼다.
와타나베 준이치의 『둔감력』을

몇 번이고 다시 읽으며 마음을 다잡으려 애썼다.

10월. 학원의 체계적인 관리 덕분에
아들은 모의시험에서 기대에 가까운 성적을 받았다. 다행이었다.
그러나 예민한 시기.
내가 던진 한마디에 갈등이 생겼다.
"모의고사도 기대치에 미치지 못했으면서
비싼 음료는 잘 사 마시네!"
이 말을 들은 아들은 입술을 떨며 분노했고,
나는 진심으로 사과했다.
그 한마디에 무너지는 아들을 보며,
나도 초라해졌고 자존감이 흔들렸다.
수능이 가까워지자 나는 아들의 면접 준비까지 맡았다.
생기부 정리, 독서 자료 수집, 학원 예약까지.
이젠 나도 전문가가 된 듯했다.
아들이 부담을 느끼지 않게 조용히 움직였다.

11월 14일, 수능 당일.
아들은 평소보다 일찍 일어났다.
나는 도시락과 보온병을 챙기며 조용히 아들을 바라보았다.
아무 말도 하지 못했다.
"파이팅"조차 부담이 될까 두려웠다.
아들은 말없이 고개를 끄덕이며 고사장으로 향했고,

나는 두 손을 모은 채 간절히 기도했다.
아들에게는 오랜 시간 이어져 온 고질적인 약점이 있었다.
바로 한 문제에 지나치게 집착해
다음 문제로 넘어가지 못하는 습관이었다.
중학교 시절 영재학원에서 문제 해결의 완성도를
강조하는 환경에서 생긴 이 습관은,
시험 시간 내내 흐름을 놓치게 만드는 치명적인 약점이 되었다.
이번 수능에서도 국어 영역에서 그 악습이 고개를 들 뻔했지만,
다행히도 재수 기간 동안 몸에 밴 훈련된 루틴 덕분에
위기를 넘길 수 있었다고 했다.
순간적인 멘탈 흔들림이 있었지만,
정해진 시간 안에 문제를 넘기는 연습을 반복해 온 결과,
기계처럼 움직인 그 습관이 이번엔 아들을 지켜준 것이다.
그날, 아들은 끝까지 최선을 다했다.
특히 과학탐구 과목에서는 갈고닦은 실력을 유감없이 발휘했다.
수능장을 나서는 아들의 얼굴엔 후회도, 아쉬움도 없이
"다 했다"는 평온함이 남아 있었다.
그러나 수능이 끝났다고 바로 평화가 찾아온 것은 아니었다.
수시 6개 대학 중 2곳은 불합격.
나머지 4곳은 발표를 기다리는 처지.
그중 3곳은 면접이 없는 전형이라 뒤집을 기회조차 없었다.
불확실함 속에 하루하루가 한 달처럼 길었다.

12월 9일. 아주대 의대 1차 합격 소식이 문자로 도착했다.
문자 한 줄이 이렇게 눈부실 줄이야!
아들은 감정을 눌렀고, 나는 또 눈물을 흘렸다.

12월 11일. 아주대 의대 면접 당일.
아들은 침착했지만 긴장감은 숨기지 못했다.
면접을 마치고 나와서는
"내가 할 수 있는 말은 다 하고 나왔어"라며 짧게 말했다.
그 말에 마음이 먹먹해졌다.

그리고 12월 13일. 아주대 의대 최종 합격 통보.
처음으로 발표 창을 연 아들은 떨리는 목소리로 말했다.
"엄마… 붙었어."
그 순간, 눈물이 쏟아졌고, 아들은 조용히 나를 안아주었다.
말로 다 할 수 없는 안도와 감격의 순간이었다.
하지만 축제 같을 줄 알았던 내 마음은 의외로 조용했다.
기쁨보다 먼저 찾아온 건 공허함이었다.
긴장의 끈이 풀리자, 나는 완전히 무너졌다.
온몸이 무겁고, 손끝 하나 움직이기 어려웠다.
그제야 실감났다.
나는 너무 오래, 너무 단단히 버티고 있었던 거다.
그동안의 시간들이 필름처럼 지나갔다.
사소한 다툼, 아이의 눈물, 묵묵히 걷던 새벽,

무너졌다가 다시 일어서기를 반복했던 하루하루.
그리고 이 경험을 통해 크게 깨달은 점이 있다.
재수는 아이 혼자 감당할 수 있는 일이 아니다.
부모 역시 정서적으로, 체력적으로,
경제적으로 모든 걸 걸어야 하는 여정이다.
그래서 재수를 고민하는
누군가가 있다면, 꼭 말해주고 싶다.
"재수는 한 사람의 싸움이 아니라,
온 가족이 함께하는 마라톤입니다.
끝까지 함께 뛰어줄 준비가 되었을 때만, 시작하세요!"
이 기록이,
그 긴 여정 앞에 선 누군가에게 따뜻한 등불이 되길.
어두운 터널 속에서도 빛은 분명 있다.
우리가 버텨냈듯, 당신도 버텨낼 수 있기를.

Q. 재수를 고민 중인 고3 후배들에게 해주고 싶은 말은?

재수?
솔직히 말해서,
추천하지 않아요.
수능 날 실수 한 번 했다고,
혹은 조금만 더 하면 될 것 같다는 생각으로

무작정 재수를 선택하면 정말 힘들어질 수 있습니다.
1년이라는 시간은 생각보다 훨씬 길고,
무겁고, 무엇보다도 외로운 시간이거든요.
물론 정말 간절하고, 자기 자신을 믿고
치열하게 살아낼 각오가 되어 있다면 이야기는 달라져요.
그런 사람에게
재수는 오히려 인생의 전환점이 될 수도 있어요.
실제로 그런 각오로 끝까지 버텨낸 친구들도 있었어요.
하지만 대부분은
'재수하면 성적이 오를 거야'라는 착각을 해요.
그런데 현실은 그렇지 않았어요.
재수를 선택한 친구들이 많았지만,
모두가 성공한 건 아니었죠.
어떤 친구는 성적이 오히려 떨어졌고,
어떤 친구는 마음이 먼저 무너져버리기도 했어요.
재수는 그 모든 부담과 외로움, 실패의 가능성까지
감당할 수 있는 사람만이 도전할 수 있는 길입니다.
정말 그럴 자신이 있다면 주저하지 말고 해도 좋습니다.
하지만 아니라면, 지금 할 수 있는
최선의 선택이 무엇인지 다시 진지하게 고민해 봐야 해요.
냉정하게 말해서, 재수는 아무나 하는 게 아니라고 생각합니다.

의대생 오빠의 고등 공부 비법

1. 국어: 모든 정답은 지문 안에 있다는 걸 꼭 기억하기.
   지문을 빠르게 읽는 것보다,
   문단의 구조와 흐름을 제대로 이해하는 게 훨씬 중요.
   각 문단의 역할을 생각하면서 읽으면 전체 맥락을 잡는 데
   도움이 됨. 처음엔 어렵지만 익숙해지면 문제 푸는 속도가
   훨씬 빨라짐.

2. 문학: 지문보다 <보기>를 먼저 읽는 습관 들이기.
   <보기>를 통해 작품의 분위기나 핵심을 파악하고 나면
   지문이 더 잘 읽힘.
   선지를 보면서 맞고 틀린 이유를 분석하고,
   틀린 선지는 직접 고쳐보면서
   개념을 내 것으로 만드는 훈련 필요.

3. 언어와 매체: 매체 영역은 수능특강·수능완성 위주로
자료 해석 연습.
문법은 개념을 정확히 알고 나서 문제를 풀기.
모르는 채로 문제만 풀다 보면 실수만 반복됨.
문법 포인트는 정리 노트 만들어서 정리하고,
오답 중심으로 복습.

4. 수학: 1~2등급을 목표로 한다면,
비킬러 문제에서 절대 실수하지 않도록,
준킬러도 빠르게 푸는 연습이 필요.
공식은 단순 암기보다 어떻게 유도되는지 이해하려고
해야 함.
응용 문제에서 당황하지 않도록 기본 개념은 완벽히
익히기.

5. 영어: 단어가 기본 중의 기본.
독해는 단어 실력이 뒷받침돼야 가능하니 꾸준히 외우는 습관 필요.
빈칸추론 문제는 앞뒤 문맥에서 논리 흐름을 파악한 후,
어떤 말이 들어가야 자연스러운지 생각해 보기.
유사 표현에 속지 않으려면, 근거 중심으로 선지를 분석
해야 함.

에필로그

- 그래도, 나의 사랑이었다

되돌아보면 긴 싸움이었다.
세상의 기준과 내 아이 사이에서 줄다리기를 하며,
나는 참 많이 흔들렸다.
성적표 한 장에 울고 웃으며,
아이의 표정 하나에 하루가 좌우되던 날들.
내가 너무 집착했던 건 아닐까 싶었던 순간도 있었다.
하지만 엄마였기에, 멈출 수 없었다.
특별해서, 혹은 평범해서
아팠던 순간들을 다 설명할 순 없지만,
분명한 건 사랑이었다.
아이에게 하지 못한 말이 있다.
사실은, 너무 미안했다고.
내 욕심인지 사랑인지 헷갈렸지만,
분명 널 위한 마음이었다고.
앞으로도 의사라는 길이 쉽지 않겠지만,
이제는 앞서 끌기보단

뒤에서 묵묵히 지켜보려 한다.
그 모든 시간은 결국,
나 자신을 키운 시간이기도 했다.
고맙다, 내 아들, 딸.
그리고 미안하다, 내 아이들.

이 책은
진실하게 나를 표현했고,
내가 살아온 길을 솔직하게 기록하려 했다.
24년의 기억을 더듬어 쓴 글이다 보니,
기억의 오류가 있을 수도 있고,
그때의 감정에 충실하다 보니
감정적인 MSG가 살짝 들어갔을 수도 있다.
부디 오해 없이,
실수나 미숙한 표현은 너그러이 이해해 주시길 바란다.
그리고 이 길을 함께 걸어온
소중한 가족의 목소리를 잠시 빌려본다.

아빠의 이야기

커리어우먼으로서
어려운 여건 속에서도 두 아이를
남부럽지 않게 키워낸 아내에게 경의를 표한다.
지금은 육아휴직, 보육수당 등
아이 키우는 환경이 예전보다 나아졌지만,
우리 세대는 그런 제도조차 미미했던 시절이었다.
갑자기 책을 쓴다고 했을 때는 의아했지만,
이 글을 읽으며 그간의 시간이 주마등처럼 스쳐 지나갔다.
참 힘들고, 참 애썼구나.
지금은 그 모든 시간을 지나
자신의 삶을 잘 살아가고 있는 아내와 아이들을 보며
그저 고맙고, 감사할 따름이다.

의대생 누나의 이야기

삶에서 흔치 않은 기회를
엄마 덕분에 얻었다. 정말 감사하다.
이 글을 계기로
잠시 묻어두었던 학창 시절을 되돌아보고,
앞으로 내가 나아갈 방향에 대해 고민해 볼 수 있었다.
때로는 실패라 여겼던 일들이
나중엔 성장의 밑거름이 되기도 한다.
그러니 흔들리지 말고 꾸준히 앞으로 나아가길 바란다.
중요한 건 결과가 아니라
그 안에서 우리가 어떤 마음가짐을 가졌느냐니까.
아직 나도 갈 길이 먼 한 사람일 뿐이지만,
용기 내어 꺼낸 말들이
누군가에게는 위로와 도움이 되었기를.

의대생 오빠의 이야기

입시라는 건, 정말 쉽지 않다.
열심히만 한다고 되는 게 아니고,
여건이 받쳐주지 않으면 아무리 의지가 있어도 힘들 수 있다.
그렇지만, 원하는 성적을 얻었을 때의 기쁨.
시험이 끝난 날, 마음껏 유튜브를 보며 먹는 햄버거의 행복.
그리고 결국 내가 원하는 대학에 들어갔을 때의 만족감은
그 모든 수고를 잊게 만든다.
지금 이 순간,
입시로 고군분투하고 있을 여러분께
진심으로 응원과 격려를 보낸다.
정말, 응원합니다!

두 아이 의대 보낸 엄마의 비법

초판 1쇄 발행 2025년 6월 30일

지은이	임선경
펴낸이	강수정
펴낸곳	사유정원
출판등록	제 2025-000005호
주소	세종시 다솜로 290(어진동)
전자우편	sayugarden@naver.com
디자인	디에스피
인쇄·제본	㈜한국학술정보
블로그	https://blog.naver.com/sayugarden
ISBN	979-11-991497-2-4 (13370)

사유정원은 독자 여러분의 투고를 기다리고 있습니다.
원고가 있으신 분은 sayugarden@naver.com에 출간 기획서를 보내주세요.
파손된 책은 구입하신 서점에서 교환해 드리며, 책값은 뒷표지에 있습니다.